王者觀點之致富思維&實戰方法②

"與市場"

成功之道：6大投資家的頂級思維

"對話"

6大投資家

廖清宏・吳家揚・廖健欽

鍾建國・李哲緯・張衡

執筆　王者、曾苑芳

策劃製作　王者工作室

目 contents 錄

財務規劃篇

財務規劃篇

投資交易篇

投資交易篇

交易心理篇

交易心理篇

在投資市場隨時保持冷靜與理性

在這個瞬息萬變的市場中，每一位投資者都如同行走於鋼索之上，時刻面臨著各種風險與挑戰。作為一位在市場中沉浮多年的投資人，我深知投資不僅僅是關於數據和理論，更是關乎心理的博弈與經驗積累。《與市場對話》正是一本能帶給投資者深刻啟發的作品。

本書以生動的訪談形式，呈現了多位投資專家的人生經歷與智慧結晶。無論是初入市場的新手，還是已經擁有一定經驗的投資者，都能從中學習到如何面對市場的變幻莫測，並在困難時刻保持冷靜與理性。

書中的專家們不僅分享了他們的成功經驗，還坦誠地講述了他們在投資路上遇到的挫折與挑戰，讓讀者深刻理解成功背後的艱辛與努力。值得一提的是，本

書不僅探討了技術分析與市場趨勢，還深入剖析了投資者心理的重要性。

成功投資，需要持續學習與反思

這些內容提醒我們，市場的勝負往往取決於心態的平衡與心理的堅韌。正如書中所述，投資的成功並非一蹴而就，而是需要持續的學習與自我反思。

作為一名投資者，我深知在市場中孤軍奮戰的艱辛，也理解到與他人分享經驗、交流心得的重要性。《與市場對話》正是這樣一本能讓投資者們從不同角度審視市場的寶貴資源，透過他人的經驗與教訓，幫助我們面臨未來挑戰時，能應對得更好。

希望每一位閱讀本書的朋友，都能在其中找到屬於自己的啟示，並在未來的投資道路上行穩致遠。

FB

大叔美股筆記 Uncle Investment Note

除了技術與經驗，投資心法更重要

我與王者相識於臉書粉專。他是一位非常清楚自己目標的年輕人，對市場有著極佳的洞察力和敏銳的直覺。

在這本書中，王者透過與多位金融市場經驗豐富的老手進行深度訪談，將這些專家累積的智慧和實戰心得凝結成文字，為讀者呈現了一個全面且實用的投資指南。

本書在【投資交易篇】提及的核心要素，包括趨勢投資、風險管理、交易紀律，以及價值投資等重要理念。王者用簡單易懂的方式，將複雜的市場分析和策略，轉化為讀者可以輕鬆理解和應用的具體建議。這種寫作風格不僅降低了投資理論的門檻，也讓更多人能進入這個金融領域，真正感受到市場的魅力。

保持冷靜與謹慎，避免做出不理性選擇

　　除了技術層面的經驗指導，書中也強調了投資心法的重要性。王者特別關注風險管理和理性決策，提醒投資者在市場中應如何保持冷靜和謹慎，避免因為情緒波動，而做出不理性的選擇。這些內容不僅對新手投資者有極大的幫助，對於有經驗的投資者來說，也能提供新的視角和反思的機會。

　　《與市場對話》不僅是一部投資書籍，更是一部充滿市場經驗智慧和啟發的作品。透過王者的文字，我們可以學習如何在市場中尋找機會，同時也提醒自己要保持理性和耐心。這本書適合所有對投資交易有興趣的人，希望能為每位讀者帶來啟發和指引，成為你投資旅程中的良師益友。

FB

財金博士生的雜記 Yi-Ju Chien

投資的藝術，
在於洞悉數字背後的力量

三年前，王者先生出版第一本教年輕人如何進入投資理財領域的新書時，我有幸撰寫了序言，當時我強調了「數字」的重要性，並指出它需要反覆使用、持續熟悉，才能真正內化為投資者的工具。這次，隨著王者先生的新書再度問世，我想分享更多關於投資的深層體悟：「投資絕不是一種『玩樂』，而是一項需要全身心投入的嚴肅事業。」若抱著「玩」的心態去股市，往往會踩雷，甚至一無所獲。正如呂宗耀先生常說：「我是用命在投資。」這句話道出了投資的本質——它要求全力以赴，做足功課，絕不能掉以輕心。

我在資本市場已超過 40 年，過去的經驗告訴我，成功的投資始於「看公司」，而看公司的首要任務便是

「看老闆」。許多地雷股往往是公司高層掏空公司而引發問題，因此，避開地雷的第一步，就是認識企業的經營者。晶圓雙雄的差距之大，根本原因就在於經營者的不同，這正是企業治理中不可忽視的關鍵點。

其次，是財務報表的重要性。財報中的數字，是投資者應該時刻敏銳掌握的，這與我對數字的天生敏感，有著密切的關係。每家公司的資產負債表、損益表、現金流量表等關鍵數據，都是篩選好公司與壞公司的第一步。雖然財務數字是落後指標，但它就像是對一家公司進行全面體檢，能為我們揭示公司的健康狀況。

別死記數字！消化到腦中的數字才有用

不過，僅僅會看財報，並不足以完全避險，如何避開地雷股，核心在於了解公司治理。觀察企業經營者的發言，參加股東大會、關注董事會會議等，這些細節都能幫助投資者更深入了解公司的運作，避開潛在的風險。

這些經驗對年輕投資者尤為重要，在理財投資初期，我給年輕人的建議是：「不要心急，首先，儲蓄下你的第一桶金，並努力提升自我的國際經濟和金融市場分析能力。」投資是一條長遠的路，要走得穩健，你必須不斷學習、讀書、分析市場趨勢。

此外，規律的生活習慣，以及嚴格的自我要求，同樣至關重要。有人問我，怎麼能精確地記住所有的數字？其實，這並非天賦，而是日復一日的「死功夫」。每天早晨，我都會先掃描全球金融市場，並手寫記錄各市場的收盤價，這樣重複的動作，讓數字深刻印入我的腦海。數字是意義，不是死記，這種苦功無法被電腦取代，因為消化到腦中的數字，才是有用的數字。

追求財富還不夠！更要享受健康與平衡

我也想藉此機會給資深投資者一些建議：「投資路上，健康同樣重要。」擁有健康的體魄，你才有力量追求事業和財富的增長，你可以找一項你熱愛的運動，並持之以恆，你會發現，真正的幸福，遠不只是財富

的累積，更需要有健康的身體來享受這一切，這不僅是我對投資的體會，更是宏觀的生活建議。

王者先生的新書《與市場對話》，引領讀者進一步認識投資這門藝術。投資不僅僅是金錢的運作，更是一場關於心智、耐力與策略的博弈。本書以訪談的形式，匯聚了多位優秀投資家的智慧與經驗，讓讀者能從不同角度深入了解市場。可以說，這是一個全面的投資指南，既涉及財務技巧，也觸及投資者的人生態度，希望每位讀者都能從中獲得啟發，在變幻莫測的市場中，找到自己的節奏，並在追求財富的同時，也能享受健康與平衡的生活。

此外，本書也提供必備的知識與心法，希望每位讀者都能從中汲取力量，開啟自己的投資之旅，進而幫助你掌握投資的藝術，並在未來的道路上行穩致遠。

財信傳媒集團董事長

投資是精緻藝術，也是簡單等待

記得 2021 年出版《如果終極目標是財務自由，不如一開始就學投資賺錢》時，我只有一個單純的想法——要寫一本老嫗能解的投資理財書，從財務思維到股市實戰都寫了進去，希望將自認為不錯的投資知識，分享給所有想要進入市場的小白。

出版後有想過，像我這種名不見經傳的素人，能賣個 100 本或許就不錯了，沒想到這本書受到許多人的喜愛，再刷了許多次。按照原本的打算，我理應在出書後好好享受我的大學生活，但在簽書巡迴期間，有許多人詢問我第二本書的計畫。

讀者們的回饋讓我知道，出版第二本書是遲早的事，但寫書、宣傳並不輕鬆，更重要的是，我必須學習更多新知，才能帶給大家更全面、更深入的知識。

然而，就在 2023 年暑假的某個晚上，我腦袋浮現出一個奇妙的想法，那就是：「要不要採訪專精在投資理財界的專家？！」我希望可以透過實際的行動為理財教育帶來一些貢獻，於是開始了本次的出版企劃。由於本企劃的工作量並非我一個人就可以完成，因此我找了一群值得信賴的夥伴，一路上也遇到了許多貴人，關於這些故事，我想放在感謝辭再好好分享。

啟動全新創作計畫，實踐更多可能

　　在傳統教育體制下成長的我，深刻體會到傳統教育並不適合每一個人。既然意識到了問題，我們應當回到源頭去思考：教育究竟是為了什麼？我很喜歡英國哲學家赫伯特·史賓賽（Herbert Spencer）的一句話：「教育是讓孩子成為快樂自信的人，教育的手段和方法也應該是快樂的。就像一根吸管，這頭吸進去如果是苦澀的汁水，另一端流出來的絕不會是甘甜的蜜汁。」

　　對我來說，人生的目標是盡可能地將幸福最大化，而我們可以透過提供教育來讓人們學習他們在生活中

所需要的知識與技能，可惜的是，對大部分的學生來說，學習傳統教育中的國、數、英、自、社並不是快樂的回憶，反而因為升學考試的壓力讓許多學生患上了心理疾病。我們應當反思，學科讀得優秀，考上了一流的大學，進了一流的公司，是否就代表著人生的成功？

在我心中，好的教育能讓學生有機會學習獨立思考、如何去愛、如何被愛、關係經營，甚至如何與自己相處的深度軟能力，若是考慮到工作上的硬實力，我想口語表達、團隊合作、學習能力更是不可或缺的。可以的話，我想讓大家「左手抓著魚，右手捧著熊掌」，體驗不會後悔的人生。

在現代競爭的大環境下，想要滿足食、衣、住、行、育、樂，似乎不是件簡單的事，於是投資理財成為全民熱中學習的知識。然而理財涉及股票、稅務、保險、財務規劃與退休規劃等等範疇，要精通以上所有知識對一般人來說，簡直是天方夜譚。

幸運的是，我們不需要像專家一樣洞悉所有財務知識，我們只需要學習如何把「自己」的財務狀況照顧好即可。

汲取專家寶貴實戰經驗，共享成功未來

投資是一門藝術，它可以是極其複雜的，許多人每一天從早到晚分析總體經濟、外資金流走向、公司經營狀況、歷年股價與股利的走向、市場趨勢的供給與需求，再設計一套經過無數次回測的交易策略，也許才能從市場上賺上一點蠅頭小利。

有趣的是，投資也可以是極其簡單的，手上持有著現金，耐心等待著每次經濟循環的股市大崩盤，並在公司價值高於公司股價後逢低買進，讓時間發揮它的效果，等待市場從極度恐慌中恢復一些本來就不多的理性，最後隨著公司的成長一起享受複利的成果。

本書大致分為三主題：財務規劃、投資交易與交易心理。內容有專家的獨家思維，以及他們所分享的人

生經歷，讓讀者看見他們成功的同時，也不會忽視專家在背後所付出的努力與代價，讓我們知道：「沒有人可以一夕成功。」

我很喜歡市場上的一句話：「今天用運氣賺來的錢，遲早會用實力賠回去。」市場與生命一樣無常，我們無法抵抗空頭市場與黑天鵝的來臨，就如同沒有人可以逃過死亡一樣，但我們永遠可以為此做好準備與規劃。

相較於第一本書，本書不再追求最淺顯易懂的內容，提升不少專業度，將目標讀者從沒接觸過投資理財的小白轉換成已有投資經驗的投資人。不過請放心，以上言論不代表本書使用了艱澀難懂的文字，我們致力於用簡單的敘述讓各位能輕鬆地吸收到理財知識。

雖然本書的讀者預計會是成年人偏多，但仍適合所有年齡層閱讀，只要對投資理財有興趣、有涉略的都很適合成為我們的讀者。畢竟一本就包含財務規劃、投資思維、交易心態的書不多，尤其內容以訪談的形

式呈現，在眾多投資書籍當中可以說是非常特別的存在。

最後我想說，不論你今天是想認真研究本書的知識，又或者只是抱持輕鬆的心情看一看，我們都希望能在閱讀本書的過程中，獲得想要得到的一切，若本書沒有達到各位的期望，還請各位讀者不吝賜教。

集結眾人心血而成的「投資經典」

　　敲下這行字的同時，意味著我與本書的旅程暫時告一段落。一年轉瞬即逝，依稀記得那是一個與平常一樣無所事事的夏日夜晚，我接到一通小心翼翼卻充滿幹勁與熱情的問詢，通話另一端的王者簡單介紹了他的全新企劃，並向我遞出橄欖枝，邀請我加入這個團隊。短暫思考過後，我發現並沒有任何理由拒絕。

　　我與王者相識於高中時期，以本文撰寫的當下為基準，也經過了六年有餘。2021 年前，他出版第一本書時，我只能算半個見證者，沒想到三年後，竟能在這裡寫下一些文字。

　　事實上，整個企劃我實際參與的部分並不多，坐在電腦前對著密密麻麻的文字敲敲打打，即是我所負責的全部，剩下的部分，我也像正在閱讀本書的讀者一

樣，隨著內容的深入，不斷學習新知──是的，我是一個徹頭徹尾的「小白」，無論是理財、投資還是交易，無論是 ETF 還是債券，對我而言，都是過去從未接觸過的領域。

王者願意將這一職交託給我，讓我從幕後一躍成為檯面上的助手，並非因為我同為這個領域的專家，而僅僅出於我們之間的交情與信任。

這並不是常有的機會，即使我對於本書所涉及的專業領域，可說是絕對的外行，擁有知識儲量如同一張白紙，但或許這也是一種優勢，畢竟我能直接站在與專家們對話的第一線，將所有精華記錄下來。

在後續整理與校稿的過程中，這些知識亦慢慢地被消化、內化，最後成為我的一部分。對我而言，這是一次難能可貴的歷程。

然而，無論是理財還是投資交易，都不該只是紙上談兵，而是需要透過實際操作累積經驗，從錯誤中修正，最後精進自己的技術與能力。

我們都知道，知識的積累固然重要，但實踐才是將理論轉化為現實的關鍵。而本書對於已身在這個圈子當中，並早有經驗的各位，將會是一份相當不錯的寶典，因為書中的內容不僅僅是理論與技巧的總結，更是各位專家實踐後所產生的結晶，而我們期盼這能為讀者們的實戰帶來啟發與指引。

　　礙於本人並不具備相關專業知識，無法帶給讀者們其他有用的學問，故不再贅言，占用大家太多閱讀空間。僅於此感謝與本書，以及所有人的相遇，還望本書能成為各位在理財、投資與交易道路上的明燈，照亮前行的方向，同時為人生增添更多色彩與意義。

廖清宏

首席財富傳承規劃顧問，擁有
CFP、RFC、RFA、APPC、CFWP 等
證照，擅長財務規劃與退休規劃。

退休要怎麼
規劃資產

廖清宏 FB

01

建立「為我所用，
由我決定」的財富觀

▶ ────────────────────────

想好好退休？！
就不能等年紀大了再來準備！

準備退休，要從什麼時候開始？這可不是只有老年人才需要關心的議題喔。退休，絕對是越早準備越好！台灣 65 歲以上的勞動參與率只有 9％，遠低於鄰近的韓國、日本 30％的勞動參與率。為什麼會這樣？

主要原因有二：第一，相對於其他國家而言，台灣 65 歲以上的長輩，大多有不錯的財務規劃，所以退休後，還能維持一定的水準所得。第二，我認為是因為台灣除了動產外，其餘的物價都比其他國家相對便宜。

要談退休規劃，一定會談「所得替代率」[1]。舉個例子，假如我退休前一個月的月薪是 10 萬元，同時，我希望我退休之後所得替代率能夠達到 70％，就代表退休後我的月收入要有 7 萬元。

一般而言，退休後的財務規劃不外乎以下三種：生

1　指退休後平均每月可支配金額與退休當時的每月薪資的比例。

活費、醫療準備與長照準備。在做退休規劃時，我認為需要考慮個人條件，因為不同人在工作時所承擔的責任及風險，與退休之後的需求與狀況，是全然不同的。

意外打亂退休規劃？！
資產調度更要兼顧風險管理

自古有一句話叫：「生活要抱最大的希望、做最壞的打算、做最好的準備、盡最大的努力。」日常生活中，人吃五穀雜糧、生活在不同環境，都可能會面臨突如其來的意外或疾病，而這些事情不只會發生在個人身上，也會發生在家庭成員身上。

假設個人或家庭成員面臨這些狀況，但身上只有一筆錢時，這筆錢要保留做退休用？還是要挪去負擔醫療費用？

過去我們會透過保險中「風險管理」的概念，去做這些資產的調度與管理。但「風險」有兩個特質：第一，時間不確定，第二，發生的狀況、損害大小不確定。事實上，我們不可能準備一大堆的錢，只為了應付腦中風或小感冒，因為意外是不可預測的。如果只是一個小感冒，需要準備這麼多的錢去應付嗎？當然不用。

假設今天有人告訴我們，根據某某國家的實驗證明，癌症現在已經可以透過某種基因免疫療法或自體免疫細胞療法去治療，可是一針需要 30 萬元、一個療程六針，總共就 180 萬元，如果沒錢去做這些療程，又要怎麼處理？這時我們就可以透過保險，把這些臨時需要的高額風險轉嫁出去。

要多少錢才能退休？
穩定的金流才是關鍵

最安全、穩定的金流是什麼？其實，就是銀行定存。但是定存最大缺點就是利息太低。假設銀行的利息是

> 做退休規劃時，需要考慮個人條件，因為不同人在工作時所承擔的責任及風險，與退休之後的需求與狀況，是全然不同的。

1.2％，而我一年的生活費需要 36 萬元，那麼需要存入多少錢？如果要利用定存這個工具達到年收入 36 萬元，就要先準備 3000 萬元。

問題來了，我實際上並沒有 3000 萬該怎麼辦？這時，就必須去思考，究竟有沒有哪一個工具，報酬率是 2.4％的？當我找到這個工具後，就只需要準備 1500 萬元。

說到退休金是以確定性為主，是指這個給付必須非常穩定。那什麼樣的工具，是具有確定性的？比如房屋的租金收入，每個月一定會收到一筆租金，除非今天遇到少數不好的房客拖款，或是面臨房子租不出去的情況。

收租背後是無數數不清的成本

再來談財務工具，我會將財務工具區分為三類：第一類，就是收租型的不動產。當然，以現在來講，收租也不是一件簡單的事。收租可能會遇到以下狀況：第一，前期需要準備很多的資金（即房產）；第二，後期會有管理上的問題。

比如當有一天我老了、退休了，想靠收租金生活，就算一切都安排妥當了，卻可能還是會面臨某些意外狀況。例如，可能是年紀大了，沒有力氣去收租。也就是說，將收租作為財務工具並不是不行，但如果換個角度去思考，「收租」一旦出狀況了，該怎麼處理？

所以，現在很多銀行推出「包租代管」，透過結合不動產信託來完成收租。它的缺點是什麼？就是還要再花錢。畢竟，你要成立一個信託，其中會有信託設立費、管理費，再來才是包租代管費。因為有人代替我們去管理房客、管理房屋修繕，甚至繳稅等等事宜，

這些都需負擔人力成本。的確，一個好的成果背後，要去承擔數不清的成本，等於我們眼睛所看到的一切，都是用金錢堆積出來的。

股票與基金要考慮靈活性

第二類是屬於動產的股票和基金。我個人會把它們區分為「增長型」與「收益型」兩種，因為這兩種是完全不同的思維模式。

增長型的股票跟基金要的是什麼？就是長期的資產增長、資本利得，資本的不斷累積。另一方面，收益型或收息型的股票、基金著重的是什麼？就是穩定的現金流，足夠讓我們去做使用。

通常我個人在思考時，很多焦點都放在一個「用」字上，所有的東西都要「能用」才「有用」，包括資產。

假設我今天有一棟 3000 萬的房子，但突然生了一場病，需要將這 3000 萬的房子變成現金時，要經過什麼

流程？第一是賣掉，第二是借錢。因為房子沒有那麼容易變現，所以當我們從「用」的觀點來看，這些工具就沒那麼靈活了。

傳統型年金的缺點，是預定利率收益低

最後一項就是保險。保險也可分為三類：

第一類是「傳統型的收益型壽險」，像是還本／養老保險，或是每年固定會有回報的保險。

第二類是「投資收益型的壽險或年金」，它的運作方式，是將投資交由資產管理公司，並跟保險做結合。

第三種是「傳統型年金」。傳統型年金還分為「遞延年金」跟「即期年金」兩種。年金最大的好處就是「保障」，只要時間到了，就是按月或按年固定入帳，當我們的帳戶有錢就可以使用。當然，任何投資工具都有利有弊，年金的缺點就是「預定利率收益低」，假設今天我同樣做一個 36 萬元的年金，要準備的資金就會變得更多。

> 一個好的成果背後，要去承擔數不清的成本，等於我們眼睛所看到的一切，都是用金錢堆積出來的。

「信託」越來越受重視！
有它就能高枕無憂嗎？

要了解「信託」，必須先知道什麼是「信託金三角」：第一是「委託人」，第二是「受託人」，第三是「受益人」。

委託人，就是財產的所有權人。受託人，則是接受委託人委託的對象。受託人可以是法人，也可以是自然人。如果是法人，就叫做「信託業者」。

假設今天我有 500 萬元，委託王者來幫我管理，希望能幫我做到兩件事：假如我哪一天生病了，需要用這 500 萬元來幫我負擔醫療費，以及安排看護、照顧。其中，王者就是我的受託人，不過他不是法人，而是自然人。

最後一個「受益人」是誰？所謂的受益人，就是接受好處的人。根據以上這個例子可以發現，委託人與受益人是同一人，這樣的信託，就稱作「自益信託」。

另一種情況是，王者一樣是受託人，但這次的受益人變成我女兒。我一樣委託王者幫我管理這 500 萬元，如果哪一天我不在了，或是已經沒有行為能力照顧受益人時，受託人王者就會用這 500 萬元去照顧她，提供她生活費、學費、醫療費等，待她長大成人，甚至於在結婚的時候，也能替我包一個紅包，甚至安排她的婚宴等。

在這個例子裡，我扮演的是委託人的角色，王者是接受我委託的受託人，我的女兒則是信託的受益人。王者替我執行我委託的事情，就是「信託本旨」[2]。

當然，信託中的受益人也可以不是我想照顧的「特定的人」，受益人可以是我母校及母校的老師們，可

2　受託人依信託目的而為財產之管理或處分。

> 遺產規劃是僅針對個人遺留下來的財產去做安排；身後規劃則是指當一個人離開後，跟他有關的一切人、事、物要怎麼分配處理。

能因為他們過去非常照顧我，使我感念這個學校的老師，那我一樣可以找受託人幫我管理這 500 萬元，只不過方法是每年替我回到母校，捐助比較貧困的學生，協助他們可以比較輕鬆的繳納學費，甚至供給他們生活費，這就叫「公益信託」。

▍事前安排好身後規劃，才能更如人意

遺囑的安排，是一個人預先考慮往生之後，會面臨各種問題與狀況來規劃與思考，又稱作「身後規劃」。身後規劃跟遺產規劃其實是兩件不同的事，大多時候

人們會談的是「遺產規劃」，但我們要來討論的是「身後規劃」。

遺產規劃是僅針對個人遺留下來的財產去做安排，身後規劃則是指當一個人離開後，跟他有關的一切人、事、物要怎麼分配處理，這就叫身後規劃。所以，最好可以從情境代入思考：一個人走後，會面臨哪些問題？

不管是有形或無形資產，都可以事先安排

第一，如何安排後事？如果這個人生前沒有提前規劃後事，就只能任人安排。如果不希望發生這樣的狀況，就要透過遺囑規劃，我必須在生前留下一份具法律效力且可執行的遺囑，寫明當我往生後，後事要怎麼處理，像是要交給哪一間禮儀公司？所有的預算大概有多少？要寫得夠清楚，後人才能依照這個文件來做執行。

此外，還要去思考個人身後所有「有形」與「無形」的資產該如何安排。

「生前信託」可以決定：這個信託期間多長？希望這個信託能照顧哪些人？以什麼方式來照顧這些人？由誰來執行？

不一定是擁有很大資產的人，才需要做規劃，比如我有一位客人，他的遺願是希望往生後，能將所有藏書全部贈送給母校。如果今天他沒有提前做這樣的安排，會發生什麼事？這些書可能就會變成廢紙被回收，或是被拍賣掉。只有立下**遺囑**，清楚說明這些書的安排，就會被送進學校，提供他的學弟妹繼續使用。

有形的資產當然還有更多，比如股票、不動產、現金、保險等，這些都是在身後規劃中需要去安排的部分。當然，除了有形、無形資產，還要思考有沒有哪些生前的「遺願」是要處理的。

我曾經遇過一個客人，他在國外工作，是一家公司的高階主管，平時生活上的大小事，都是由當地兩位小祕書幫忙處理。

他跟我討論遺囑規劃時，我問他：「還有沒有哪些事情是你想做的？」

他馬上回答：「希望能照顧這兩位小妹妹。」也就是他的兩位祕書。透過這個案例，我們可以知道，即使是沒有血緣關係的人，只要個人有意願，也可以根據遺囑的規劃，去達到自己期望的結果。

生前預立有效遺囑與信託

如果在生前沒有安排，就叫做「無遺囑狀態」，即當一個人身故卻沒有交代後事的狀況。一旦是「無遺囑狀態」，上述種種安排就只能由親等最近的人，比如配偶，或是直系血親來辦理。

如此一來，我們就無法依照個人的意願或想法去辦理，因為他沒有留下任何具法律效力的文件或宣示，其他人亦無從對證。所以，通常我們會建議生前就先安排好。

生前可以做哪些安排？第一個就是「生前信託」。我在生前先立了一個信託，我可以決定：這個信託期

間多長？希望這個信託能照顧哪些人？以什麼方式來照顧這些人？由誰來執行？以上這些都需要交代得很清楚，因為當我離開後，這個信託就會依照契約執行。第二個就是「預立有效的遺囑」。

比如當我身故後，財產要如何分配？不過，遺囑實際上只能做到兩件事，即「後事的安排」與「財產的分配」，遺囑無法去規定財產分配後要「如何使用」。

如果想要規劃財產後續的管理與使用，就要訂立「預立遺囑信託」，才能使這個資產，依照我在生前所設定的一個目標，以及我想要照顧的對象來安排使用。

先前提到的這些事項，都是由「誰」來執行？如果是「信託」，就是由「信託監察人」負責監督，並指示信託的「受託人」來執行。[3]如果是「遺囑」，就由「遺囑執行人」[4]來執行。

3　並不是每一個信託都需要信託監察人，是否需要信託監察人係情況而定。

4　民法規定「遺囑執行人」的產生順位與規定有以下：一，由遺囑指定或委託他人指定。二，由親屬會議選定。三，由利害關係人聲請法院指定。而未成年人、受監護或輔助宣告之人，不得為遺囑執行人。

最後，如果沒有遺囑，即所謂的「無遺囑狀態」，就是由親等最近的配偶，或是直系血親卑親屬來執行。

人生不是打仗，但應隨時做好準備

有人說，人生不應該是戰場，戰場太殘酷；也有人說人生不該是工廠，因為工廠講究的是效率。人生應該是農場，我們要去思考：你希望將人生經營成什麼模樣？再以此為目標，替自己的人生做規劃和安排。

但無論是戰場也好，工廠也好，農場也好，都要認真面對並實事求是，人生沒辦法重來，也沒有所謂的「船到橋頭自然直」，現在看到的美好表象都不是自然發生，而是因為私底下有認真的、用心的去規劃跟安排才能獲得。所以才會有「臺上十分鐘，臺下十年工」這麼一說。

而除了作足準備，還要「做最壞的打算」與「最好的準備」。如同先前提到，如果資源夠多、錢夠多，選擇也會變多，甚而擁有主動的選擇權。便當不會從

天上掉下來，美好的人生不是與生俱來。我們可以過得精采美好，首先就是要充分準備，最後我們的人生才會是無憂、無缺、尊嚴、圓滿的。

建立「為我所用、由我決定」的財富觀

「為我所用、由我決定」這簡單的八個字並不容易，並不是說我有錢就沒事了。有錢的憂慮可能還更多，比如自己的小孩很揮霍，這也是一種「憂」。

那有錢就「無缺」嗎？也要看情況，假設自己某天突然腦中風，失去意識與行為能力後，即使我擁有很多房子、戶頭裡很多現金，我也無法繼續使用。那這些財產會落到誰的手上？就是監護人。但我無法保證監護人會依照他個人的意思，還是依照我的意思去使用這些錢財？

所以，財務規劃的概念是建立於「為我所用，由我決定」這八個字。前四個字是指我累積的所有財富，或是累積的這一切，我希望能做到「為我所用」。後四個字則是指我累積的這些財產，如何使用，由我決定。

如果我的財產不是為我所用、不由我決定，這不是很弔詭嗎？現行法律中有一條法規叫「意定監護」，是指我可以在生前以法律有效的文件形式並安排公證，透過文件指定一位或多位的監護人，在未來某天我失去意識能力或被判處監護宣告後，以文件中提及的這位或多位監護人，來負責照顧或替我做往後的決定。

比如，我可以指定三個人，一人幫我打理生活，一人幫我管理財務，一人幫我處理其他事情，當然，我需要支付薪水給他們。

做好有效的財富規劃，成就尊嚴與圓滿的人生

第三是「尊嚴」，指即使我有錢，但當我受監護宣告後，又因為沒有事先安排我的監護人，那麼很有可能，這個監護人會完全照他個人的意願做事，他或許會覺得醫療費這麼貴不用花，但這是他自己的想法，這時候我又如何去維護自己的尊嚴？所以我們應該做足準備，以備不時之需。

> 我累積的所有財富，或是累積的這一切，我希望能做到「為我所用」。而我累積的這些財產，如何使用，「由我決定」。

　　最後就是「圓滿」。人生在世，許多人因為渴望過上幸福的生活，一輩子都在努力奔波，只為了達成這個目標。所以，我希望、也祝福為此付出努力的人，最終都能如願以償，擁有一個無憂無缺、尊嚴圓滿，且沒有遺憾的精采人生。

吳家揚

著有《人生五張表,你也可以 FIRE》、《投資型保險最重要的大小事:從保障到投資!》等共計 6 本暢銷書,擁有數十年投資經驗,擅長投資、財務規劃、保險。

教你怎麼看財務報表

吳家揚的樂透人生

02

善用「人生五張表」
打造終極「財富人生」

不管懂不懂股票都能在股市賺到錢

在我小時候，台灣是一個普遍貧窮的社會，只有少數人比較有錢，直到大約 1986 年，進入「台灣錢淹腳目」[6]的時代，那時的加權指數大約是 900 點。

到了 1990 年 2 月，加權指數漲到 12682 點，短短幾年內，股市就上漲了十幾倍，人人都發大財，我家也不例外。

在那個年代，很多人一開始是買六合彩，後來都轉去買股票，由此可知當時的股票真的非常好賺，無論懂不懂股票，只要把錢丟進股市裡就能賺錢，而且當時的融資比例跟現在不同，大約是 10 比 1，也就是槓桿 10 倍的意思。

6　台語正字為「台灣錢淹跤目」，音讀 "Tâi-uân tsînn im kha-bak"，指台灣錢淹到腳踝邊，很好賺錢的現象。

人人炒股人人發財的瘋狂社會

因為每個人都去炒股，我父親也不例外。他開始把錢投入股市，當然一開始會擔心，但後來發現實在太好賺了，槓桿就越開越多，那時候，父親曾自稱一天就能賺到一輛 BMW。事實上，那個年代因為炒股發大財的人很多，但不幸的是這些人很快就被打回原形。

大概從 1990 年 2 月，一直到同年 10 月，加權指數從 12682 點一下子跌到 2560 點，短短八個月就跌了一萬多點，將近 80％。

當時許多開槓桿的人，因無法承受損失而選擇了結自己的生命，我父親也因壓力過大而中風。用以前賺到的錢來填補損失也不夠，最後還賠掉了嘉義市區精華地段的土地和鄉下幾棟房子。那些年積累的財富不僅全數賠光，還倒賠更多。

這種情況並非我們家獨有，許多人都經歷了相似的悲劇，我也是後來得知，我一位朋友的母親曾經是台

灣知名金主，因為家裡有錢，會借別人錢去炒股，又因為當時的股市實在太好賺，他母親也自己下去炒股，結果失利，還遇上仇家找上門來，他們只能舉家移民。

而他母親獨自留在台灣，最終因精神崩潰被送進台大精神病院療養多年。那個年代，因為炒股失敗而自殺、發瘋，甚至是逃亡的人，不計其數。

從技術分析到解讀財報，才能參透股市

高中時我只是在一旁看著，或偶爾當抽籤人頭戶，因為只要抽到籤，基本上就會賺錢，賺多賺少則是其次。整體而言，那時候我不能算是真正進入市場。直到升上大學後，我認為股票在未來一定是會幫助我發大財的工具，才開始真正去研究。

剛開始研究股票的時候，我主要是看技術分析，畢竟，當時市面上只有技術分析的書，後來發現那個賺

不到錢，就轉而去學財報，當時我認為財報才是真正賺錢的途徑。

幸運的是，當時正好遇到大多頭，幾乎是隨便投就隨便賺，還以為自己很厲害。我身邊也有很多同學在玩，那是一個全民炒股的現象，上課時，同學之間還會討論哪支股票表現如何，大家都以為自己很厲害，結果那年（1990 年）10 月崩盤以後，全部的人都露出原形。

當時會選擇進入市場投資，主要是需要生活費，因為我能跟家裡拿的錢很有限，其他的開銷就要靠自己去賺。一旦賺到錢，我就會抽出一點存著，這個習慣一直保持到現在。某次，我不存股，股票只要有賺錢就賣掉，賣掉後，再從賺到的錢裡抽一部分存起來。因此，那年雖然賠了不少，但因為平常有賺到錢就存一點的習慣，最後還是賺了一些，原始本金三萬多元，結餘翻了三倍左右。

我能躲過這場大崩盤，主要是因為戒慎恐懼，知道股市是洪水猛獸。直到現在，我依舊認為投資風險很大，如果沒有把握就不要進入市場。

後來我發現，股市裡最容易賺錢的是 IPO 階段。IPO是指「一家公司首次公開發行股票」。我只要有機會在這個階段進入公司，並去認購它的股票，賺錢機會是比別人高的。升上大學後我就開始研究這個東西，但沒有完全搞懂，即使後來讀了研究所也還是搞不懂，因為我都忙著在讀自己的專業。

直到研究所要畢業、準備去當兵的那段時間，看到一家叫作「台灣積體電路製造公司」（即台積電）的公司，當時它已經開始獲利，每天社會版新聞都是台積電賺多少錢，很多人想要擠進去，於是我研究台積電到底是什麼樣的公司。

當然，我發現我的專業跟台積電似乎沒有太大的關聯，但可能又有些許關聯。最後考量到以我的專業背景進入台積電有一定的難度，所以我轉而關注其他 IPO公司。當時半導體是國家新興產業，背後有政府支持，

很多 IPO 的公司都在半導體領域，於是我就立志要在研究所畢業和退伍後進入一家 IPO 的半導體公司，如此一來，賺錢的速度比別人快很多。

學會看財務報表，是投資必要的功課

財務報表非常複雜，不過我們可以從最基本、也是最簡單的步驟去了解，就是去看財務報表的兩個重點：「每股盈餘」（即 EPS）與「毛利率」。

當然，這背後還有很多報表需要解讀，解釋起來會花上很多篇幅，一般也不會有人特別去解釋，但我們在報章雜誌或新聞媒體上很常聽到這兩項數據，如一間公司有沒有賺錢，就要看 EPS。當然，財報裡也有很多陷阱，只有真正看懂，才能判斷 EPS 是朝好的方向發展，還是走向惡化。

當心！EPS 突然飆高也可能是警訊

原則上，EPS 是越高越好，但有時需要排除一些特殊情況。比如，一家公司的 EPS 成長，是在 2 元到 3

元之間反反覆覆，這可能是由於產業的淡旺季或經濟週期的影響。如果這家公司連續多年的 EPS 都在這個範圍內，某一年的 EPS 卻突然變成 20 元，就需要特別關注公司是不是發生了什麼事？

原則上，這是好事，所以股票會飆漲，但這時我們反而要去看這家公司的財務報表，注意它是不是賣掉廠房、機器設備？如果是，賣完之後，公司的生財工具搞不好就沒了，那是不是代表公司準備要收攤了？或是有其他狀況？換句話說，我們要研究這家公司 EPS 突然變 20 元的原因。

排除這 20 元的影響，假設公司其他情況沒有變，過不久，EPS 可能又會回到 2、3 元，股價就會隨之大幅下跌，回到原來的位置。從股價上升到下跌的這段時間，我們或許能賺到錢，但在股價下跌前即時出脫是難度非常高的。因此，學會看財務報表是非常重要的。當然，也可能因為在高點被套牢而賠掉大錢。

從股價上升到下跌的這段時間，我們或許能賺到錢，但在股價下跌前即時出脫是難度非常高的。因此，學會看財務報表非常重要。

層層分析毛利率找出優質股

原則上，毛利率也是數字越高越好，但台灣奇怪的公司太多了，因此我個人的準則是：第一，毛利率在30％以上；第二，EPS每年要賺3元。當這兩個指標確定後，在台灣現在大約1800檔左右的股票中[7]，至少可以刪除1500檔；接下來，再從剩下的300支股票裡，挑選在0050成分股裡[8]的股票。

接著，再用0050這50支套用「EPS每年3元、毛利率30％以上」的標準去篩選，大約會剩下20檔。最後，在這20檔裡面再仔細挑選一番，可能就剩下10檔，

7　吳家揚受訪時間為 2024 年 2 月。

8　0050 成分股，是指全台灣市值最大的 50 家公司。

我們就好好研究這 10 檔，基本上只要投資這些股票就好了。這樣一來，想買個股的人就能夠好好賺錢。

會計師有沒有簽報也是判讀關鍵

最後，分享一個看財報時一定要注意的細節，就是會計師的簽名。會計師會在財務報表上簽名，原則上，最重要的就是年報。

因為季報的審核較寬鬆，會計師可能只會看一下有沒有符合會計原則，當然不是說會計師會造假，只是相對比較鬆散。

但只要是年報，會計師通常都會去現場稽核，現場稽核就會需要花比較多時間，如果會計師都不敢在年報上簽名，我們就千萬不要買。會計師都不敢簽名，就代表有問題，我們在報紙或新聞上很可能就會看到。

所以，只要看到有疑慮的，或是財報應該在幾月幾日發布，卻沒有發布的公司，千萬不要買，倘若已經買了，我們就及時認賠，趕快賣掉，不然最後可能變成一張廢紙，想賣掉都賣不掉。

只要是年報，會計師通常都會去現場稽核，現場稽核就會需要花比較多時間，如果會計師都不敢在年報上簽名，我們就千萬不要買。

保險，是財務規劃重要的一環

保險是個好東西，其實，理財規劃顧問最常和大家談的，就是「保險」。基本上，你買了什麼、沒買什麼保險，都一目了然，只要願意把保單拿出來，給理財規劃顧問看一看，討論是否還缺了什麼？有什麼需要加強的？顧問就會給出相應的建議。

其他部分和保險相比就相對複雜許多。相對複雜許多。比如今天有個客戶買了一大堆股票，這些股票裡有些賠錢、有些賺錢，證券分析師大多會建議客戶把賠錢的股票都砍掉，但這時候，客戶心裡可能會覺得不舒服。

再者，如果是股票的投資組合不好，客戶又希望能

在 10 ～ 20 年後，把這些錢從 100 萬元變成 300 萬元，又該如何去說服客戶？

相形之下，保險比較單純，就是買下來，不要解約，保險本身提供的保障是固定不變的，所以在財務規劃裡，最簡單也容易談的就是保險。

只要有能力，應先有健康醫療保障

我很重視保險，因為它是好東西，漲價速度非常快，這是我過去在商學院的時候學到的。開始工作後，我就先去把基礎的保險買好。

這也緣自我的親身經歷，以前在我母親生重病時，因為過去沒有買保險的概念，治病時花了非常多錢。總之，我建議無論有錢沒錢，都要買足最基本的保險。

我們都知道健保真的不夠用，只要有能力，就應該去買保險。一般人最常買的就是儲蓄險，儲蓄險是指你把錢存在保險公司，它給你固定利息，基本上，跟定存差不多，只是對象是保險公司。

> 買了房子後，萬一沒錢了還可以賣掉，因為房價漲很快，以台灣而言，房價平均一年至少漲5%。

不過，儲蓄險還是與定存有些不同，假如在保險期間內解約，可能會賠錢。但無論我們是繳了5年、10年、20年的保費，保險公司給我們的利息都是固定的。

當然，一般人就是買那個保障，但其實還是不夠。我們講的保障，是指癌症險、實支實付險、意外險這類的東西，這些保險基本上也花不了多少錢，所以應該盡可能去買這些保險，且盡量買到最高額度。

投資房地產，更具效益與彈性

房地產需要一大筆資金才能投資，我自己在房產上投入了1000多萬元，但現在房子增值的幅度比保險高太多，演變成實際上投進保險的資金比房子還多。當

然，也因為房子漲價速度比保險還快，我整個投資組合裡最值錢的，就是房子。

一般來說，買了房子後，萬一沒錢了還可以賣掉，因為房子漲價速度很快，以台灣而言，只要不要買到一些奇怪的地點，房價平均一年至少漲 5％，如果買在熱門或黃金地區就會更誇張，比如在台積電工廠附近的房子，過個 3 年、5 年大概就會翻倍。

如果等到退休、不用工作了以後，可以選擇把房子賣掉，搬到較鄉下的地區。這些地區的房價，通常是市區房價的零頭，雖然現在可能也已經漲了很多，但事實上，很多鄉下地區的房子是賠錢的，不但沒有漲 5％，甚至還有倒賠的。這些地區有非常多這樣的房子，很適合不需要工作的退休族居住。

以我的故鄉嘉義市為例，先不談市中心，只談市郊或嘉義縣，用 200、300 萬買到房子一定沒問題，或許還能買到透天厝。當然，鄉下的生活機能不能跟都市或直轄市比，但買房多出來的價差，就可以讓我們另外去做運用。

用「人生五張表」，管理一生的財富

第一張表是「投資交易表」，原則上，就是把各種投資、股票基金、衍生性金融商品、期貨選擇權等，做成一張報表。

現在大多數的投資平臺都提供各種電子報表，我們也可以在網路上下載，每隔一段時間就去整理，分析和記錄每次交易的理由、買進和賣出的時機等。我為什麼會去買這支股票？又是在什麼時候把它賣掉？把進出場的理由都寫進去，同時去看一下我曾經買過什麼東西。

記錄並檢討「投資交易表」

這張投資交易表其實就是讓自己去檢討，哪些股票可以賺到錢？當時買進這支股票是什麼樣的心態？用了什麼方法？可能有時候是因為當時的市場很熱，但你身上沒什麼錢，所以決定去借錢投資。我們就透過這張表，去記錄諸如此類的細節。

有了這張表，我們會發現依照心情去買賣股票或期貨選擇權的下場，通常都不會太好，所以需要透過這張表去記錄下來。當然，內容要誠實以對，畢竟是自己的東西，賺錢還是賠錢，大家心裡有數。

掌握「保險內容表」明細

第二張表是「保險內容表」。當然，一般人普遍都搞不清楚保險，所以如果自己不會整理，建議就請保險業務員來幫忙。

原則上，業務員就是把你所有的保單丟到一個軟體讓它自己跑出來，現在科技很進步，整理起來都非常快速。不過，我是自己整理的，內容大概是：保額多少？什麼時候繳多少錢？每年可以固定領多少錢？等等。

對我而言，這些都相當重要。我大概從二十幾年前起，就自己整理這些東西，第一次整理時花了很多時間，當然是因為我個人的保單非常多，一般人可能就2、3張或3、4張；但儘管保單不多，最好還是整理一下。

整理完後，往後有再多買什麼保險，或是解約什麼保險，再一一增加或刪改，好處當然是我們可以很清楚看到所有的保險內容。

詳細記錄「日常支出表」

第三張是「日常支出表」。像我平時有在記帳，記錄每天吃喝玩樂的開銷，現在也有很多記帳軟體可以下載使用，相當方便。假設今天在咖啡廳喝了杯咖啡，就順手用手機記下。

記帳軟體裡通常會把項目分的很細，但我沒有記錄的那麼細，比如今天去菜市場買菜，林林總總花 1500 元，就把買菜的 1500 元記下來。我們的支出要盡量記錄清楚，才知道自己到底都把錢花去哪裡，才不會 1、2 個月過後回頭來看覺得奇怪，明明自己賺了那麼多錢，怎麼都不見了？

用「生活紀錄表」寫日記

第四張是「生活紀錄表」，實際上就是日記，用來

記錄日常生活中發生了什麼，比如今天來錄影受訪，或是今天寫了還是看了一本書等，把這些事項寫下來，甚至是一些心情也可以記錄下來。

每月要清楚「金錢流量表」

最後一張是「金錢流量表」，這張表是用來記錄日常的資金流入和流出，以及現金與戶頭裡面的資金狀況。

這個流量表一個月記錄一次就好，我們主要是透過這張表，掌握一個月裡所有金錢的流向，也可以針對現況做出調整，比如在一段時間都沒有收入的狀況下，每個月的固定支出還是那麼多嗎？

吃飯、水電、房租、保費等這些支出是不能改變的，這時我就會知道到什麼時候我身上的資金會無法供應這些開銷，以及我應該要開始去找方法應對，可能是去多賺點錢，或者把房子去抵押。

對我而言，這五張表是很基本的東西，我也記錄了很久。很多人都沒有記錄的習慣，我覺得很可惜，如

養成記錄的習慣，就能更清楚且更容易地掌握金錢流向，也能更好地去做財務規劃。做記錄的時候，也會開始檢視自己的消費習慣。

果我們能養成記錄的習慣，就能更清楚且更容易地掌握金錢流向，也能更好地去做財務規劃。而我們在做記錄的同時，也會開始檢視自己的消費習慣。

最後，把資料全部統計起來後，也可以回頭看過去 10 年前間的開銷，可能在 10 年前，我一個月生活開支只需要花到 15000，10 年後的現在可能至少都要 2 萬元以上，我們甚至可以看出現在通貨膨脹有多嚴重。

廖健欽

臉書萬人社團「當沖波段價差」創
辦人兼版主,擅長波段趨勢投資。

當沖波段價差

當沖標的怎麼選

03

保持正確的心態，
你就贏在起跑點

▶

投資需要學習，而學習需要開始行動

我創立「當沖波段價差」[9] 的初衷，是想創造一個可以好好認真學習的環境。剛開始學習投資時，我是先加入臉書社團「花花股市討論交流社」[10]，後來才自己出來創立社團。但我創立社團的宗旨並不是想贏過別人，而是很單純的、想跟大家一起學習交流的理想。

而我接觸投資的故事也很簡單。當時，公司隔壁有間自助餐店的老闆在做股票，前幾年疫情很嚴重的時期我和他聊到這件事，我身上正好有一些閒錢，便在2020年的11月進入股市。

還記得我第一次做的標的叫做士紙（士林紙業），為什麼會選擇它？因為我小時候就在那個環境長大，這家做紙的公司在士林有很多地，我認為它會轉建設公司，印象中買了10張，之後大概過了一個星期，就讓我賺了4萬快5萬元。

9　台灣知名的萬人臉書投資社團，廖健欽為創辦人，而作者王者是該社團的管理員之一。

10　臉書社團，人數破10萬，為台灣前幾大的投資社團，張衡曾是花社版主。

深入了解每一張買到的股票，
你也能做趨勢投資

「趨勢投資」這套模式，是在創立社團之後才發展出來的。創立社團之前我都在當沖，說實話，做當沖賺錢只是運氣好，當時的我連技術分析都看不懂，但有一套當沖策略，我會看大盤、量價的關係去做當沖。

因為運氣不錯，讓我賺了一些錢。我還在花社時，每天都會上傳賺錢的對帳單，但後來遇到一件讓我永遠忘不掉的事：有一個做當沖的散戶，因為賠錢自殺，而那個人在自殺前一晚，還跟我通過電話。

自從那次之後，我就停止在社團上傳對帳單了，因為我覺得這樣會讓很多年輕人以為當沖很好賺，怕他們仿效，最終走向遺憾的結局。

在學習趨勢投資之前，我其實有很多知識是不懂的。後來，只要是我買的股票，我一定會深入去了解它，比如它是做什麼的？客戶是誰？有什麼技術？有什麼認證？這些我一定會弄得一清二楚。

以儲能為例，2022 年底，我就一直說儲能會很強，為什麼？因為這些有在做儲能的公司跟美國百大企業簽合約，合約內容是只要台灣接它的單、跟它合作，每年就必須要用到多少綠電。這些都是很明確的趨勢跟方向，可以作為投資參考。

再分享一個習慣，買股票我都會分批買，好比說華邦電，我每個月都會買 1、2 張，為什麼？因為記憶體在 2024 年，甚至更久以後的需求與用量絕對會增加，尤其是 AI、車用、PCAI 等，這些技術若是沒有記憶體就沒辦法運算，所以需求量一定會更多。

財務槓桿別玩太大！
千萬別追隨「無本當沖」潮流

無本當沖就是沒有足夠的資金，卻要操作超出自己資金承受範圍的標的，譬如我要沖一支 50 元的股票，一般情況下，我需要有 5 萬元的資金才能去做當沖。但我在資金不足的情況下，仍然去操作這支 50 元的股票，就相當於開了槓桿。

不該推動無本當沖的風氣，那些提倡股市小白去學無本當沖的教學者，真的會害了很多人。

很多人做當沖都不曉得後天要交割，也不知道違約交割的風險，我甚至遇過有人連 1 萬元的資金都拿不出來交割的情況，後果可想而知。

而且，現在很多營業員不會去打電話提醒客戶帳戶裡的資金夠不夠交割。以我自己為例，我之前當沖華星光，當天做完交易就直接去睡覺了，結果那天下午 5 點，證券 APP 跳了一則通知，說我後天有一筆交割，金額是 18 萬多，就是那天當沖的華星光。

我覺得不對勁，因為印象中當天的交易都是當沖，沒有留倉，但也不知道怎麼搞的，大概是操作失誤導致的烏龍吧？反正，最後就是要交割。

幸好我的帳戶裡還有錢可以扣，隔天當然去跟券商了解一下狀況，他有他的說詞，我也想說就算了。可

是如果你是無本當沖，遇到這種意外，根本就拿不出這些錢，就會導致違約交割。

我們社團裡很多人不會選當沖標的，去選中小型股去做當沖，這樣選的話，很可能不論做多或做空都會虧損，因為主力要把他拉到漲停或拉到跌停，是很簡單而且很快的。如果是像那種權值股，或是股本比較大的，就很難去靠買賣操作價格，除非是有隔日沖大量進去。

總結來說，我們不該推動無本當沖的風氣，那些提倡股市小白去學無本當沖的教學者，真的會害死很多人。

慎選當沖標的，嚴守投資原則

如果真的要做當沖的話，我會選擇熱門股，像是 AI 就是熱門題材。我自己會在券商的 APP 設定選股條件，大概會有五個選項，這五個選項中，每個選項大概會有 50 支、100 支，我會在這些股票當中再去做篩選。

看美國三大指數就會發現，每次指數落底後，就會爬得更高，因為市場是長期向上的趨勢，所以如果做長期投資，真的沒什麼好擔心的。

我習慣在開盤前一天晚上先看國際新聞，看完之後再去選標的。我個人喜歡找成交量最大的。

分享件有趣的事，我以前其實不愛睡覺，常常在半夜做研究，但如果睡不夠導致精神不好，隔天就不會當沖，畢竟當沖需要很專注，所以一旦睡眠不夠，我也不會去當沖，因為只要不做，就不會賠錢。

當沖的「紀律」也很重要，我給自己的限制，是只要賠超過一個範圍，就一個月不當沖，可能持續整整一個月，甚至更久。假設我這個月都賠錢，賺賠比是 1 比 3，白話文就是贏一次輸三次，算是輸了滿多錢的，但只要是在我可承受的範圍內，就沒問題。

有些人沒辦法執行自己立下的規定，但我不會，因

為這是交易紀律的一部分。當然，我還有其他自己的操作紀律，像是不做空、不做生技股等。

掌握公司本質，找到價值趨勢

一家公司的產品價值性很重要，可以保護它的股價，像智原 2023 年 7 月到 11 月跌破所有均線，一般使用技術分析的投資人就全部都出場了，但我選擇續抱，因為我是看趨勢，看的是未來，所以從來不看技術線型。

有些公司是本質好，但遇上一些意外，這種公司我也會觀察，舉個例子，我投資不少資金在誠美材上，它原本被前任董事長掏空，銀行也不聯貸，但竟然能從一家本來快倒閉的公司狀態復活，並重新開始獲利。

2023 年，它把在中國的公司賣掉，拿了大約 50 億新臺幣回到台灣，當時我就覺得這家公司沒有理由不投資，但其實不鼓勵大家去買，因為投資這類公司真的要有很大的耐心與毅力。

其實，看美國三大指數就會發現，每次指數落底後，

> 我習慣把股票分成三個類型，分別是股本大的、中小型股的，再來就是有隔日沖券商常操作的。

就會爬得更高，因為市場是長期向上的**趨勢**，所以如果做長期投資，真的沒什麼好擔心的。

2023 年時，有個朋友告訴我，美國都靠 AI 在撐，他問：「如果 AI 出事了怎麼辦？」但我認為這是**趨勢**，沒辦法改變，美國三大指數很大一部分就是靠微軟、輝達、AMD、蘋果等公司在支撐。

分析價值趨勢，才能賺到更多

我以前研究過數據，發現一件事：10 年前的台灣還是依賴傳產股，現在則是往科技業靠攏，說明台灣不管任何一個產品，對全世界來說，都是很重要的角色，沒有什麼產品是台灣做不出來的。

台積電自然不用多說，要是沒有台積電，就不會有

今天的輝達，畢竟輝達沒有自己的工廠，有很多東西都交給台積電代工，所以跟台積電可說是是母子關係，是互利共生的。

再提到台積電本身的條件，它跟三星都做得出 2 奈米，但兩家公司產出的良率卻有不小的差距，可以說，做得出來不代表可以做到很好，這就是為什麼我常提到一家公司的「內在」很重要，這是所有投資人都必須要了解的知識。

事實上，做價值投資才能讓我們賺到更多錢。我尊重技術線型，但現在隔日沖太多，當沖量太大，技術分析很難占到便宜，所以要做價值投資。

我習慣把股票分成三個類型，分別是股本大的、中小型股的，再來就是有隔日沖券商常操作的。我個人很喜歡做股價落底且無量的，我稱之為「無量布局」[11]，因為無量布局的績效可以非常可觀。

---

[11] 在價格長期打底，並且成交量不高時布局。

當沖需要在一天內就完成買入和賣出，這種操作方式，要求投資人需要具備極高的市場敏感度和快速反應能力。

做好風險評估，才能在市場上走得長久

過去我在社團遇到想求助、問我手上股票虧損該怎麼辦的，我只會問一句話：「你是不是融資買的？」融資就像當沖一樣，都是在資本不夠的情況下把槓桿放大，坦白講，我也有融資，可是我有本錢，並不會怕，所以衡量自身條件與狀況，也是很重要的。

最近和社團的一位朋友聊到了股票當沖的問題。他提到自己在當沖中損失了不少錢，我和他討論了一些心得和建議。

我認為「風險評估」很重要，我們要先了解當沖本身的風險性，因為當沖需要在一天內就完成買入和賣出，這種操作方式，要求投資人需要具備極高的市場敏感度和快速反應能力，但很多人常常忽略了當沖背後的風險，還有自身的心態與紀律。

避免「預設立場」，造成判斷偏差

面對市場，「心態」是最基本也是最重要的，如果沒有良好的心態，無論有多麼精準的技術分析和操作策略，都沒辦法彌補因為心態失衡帶來的錯誤決策，除此之外，很多人在投資時會有個問題，就是「預設立場」。

預設立場會讓我們在進行投資決策時過於主觀，而忽略市場的客觀變化，這不僅會加大損失，還會讓我們沒辦法正確評估市場情況，進而做出不正確的決策。

很多人來找我時，其實已經在市場上虧損了一些錢，為了幫助大家擺脫這種困境，我都會建議暫時退出當沖，休息一段時間（可能是半年），重新調整心態後再出發。

> 預設立場會讓我們在進行投資決策時過於主觀,而忽略市場的客觀變化,這不僅會加大損失,還會讓我們沒辦法正確評估市場情況,進而做出不正確的決策。

在這段休息時間,可以去學習更多投資知識,反省過去的操作與策略,進而去培養更穩定的投資心態和更嚴格的紀律。如果還執迷不悟,繼續帶著不健康的心態操作,就可能會面臨違約交割的風險。

重新審視自己的投資策略,並建立更穩健和理性的投資方式與心態,是很重要的。畢竟,投資是場長期的旅程,只有在穩定的心態和嚴格的紀律下,才能真正獲得長久的成功。

┃ 不遭人嫉是庸才,放大格局心更寬

創立社團之後,我領悟到很多做人的道理。我是一個很隨和的人,不會去設計朋友,能幫的我就會幫,

盡力而為；在社團裡，我也努力用自己的力量幫助了不少人。但實際上，遇到莫名其妙的事也很多，講不完，真的太多了。幸好，今年我又成長了，很多事情會慢慢想開，畢竟只要格局大，就輕鬆了。

生活中常會遇到這樣的情況，就是即使我已經盡了最大的努力，也總是會有人對我不滿意。不管我做得多好，總會有人嫉妒、討厭、羨慕，甚至看不起我。

但這就是生活的現實，嫉妒是人性中常見的一部分，當我取得一些成績或得到認可，難免會引起別人的嫉妒。這種情緒往往是因為他們對自己不滿，或是對我的成就心有不甘。面對嫉妒，我要保持冷靜，理解這種情緒的根源，而不要讓它影響我的心態。

不論外界怎麼看，都應該要保持本心

被別人看不起，可能是最難接受的，因為這會直接打擊自尊心，但我們要了解，每個人的價值觀和標準都不同，而他人的評價並不能真正定義自己的價值，

> 投資的思維千萬不能是「投機」，很多剛進市場的新手都想在股市賺快錢，但抱著這種想法就盲目進入，是很危險的。

堅持做自己，相信自己的能力，才能在面對這種質疑時不被擊垮。

在追求目標的過程中，難免會遇到各種評價和看法，只要我保持本心，就能在風雨中堅定前行，不要因為害怕別人的評價，而丟掉了自己的本性，保持自我，不因外界的聲音而動搖。

對我來說，這個世界就像一段不斷漂流、不斷尋找機會的旅程，但對我這種出身貧窮家庭的人來說，這個旅程顯得特別艱難和漫長。

不過，也因為貧困帶來許多挑戰，同時讓我早早就看清人生的真相；或許我沒有太好的物質條件，但我

懂得仁義與道德的重要性。我知道，儘管生活很困難，也不能隨意背棄自己的原則和信仰。

是貧困的環境教會我堅強，讓我面對困難時能保持冷靜和理智，也讓我更懂得珍惜機會和他人的善意，我知道每一份機會來之不易，所以會更加努力追求夢想，以改變自己的命運。

在這個充滿競爭和挑戰的世界裡，我們或許沒有先天的優勢，但仍能透過自己的努力和堅持，去書寫自己的人生。像我就用行動證明，儘管環境再怎麼艱難，只要心中有信念和希望，就能找到屬於自己的光明未來。

不要以投機的心態盲目進入市場

聊完如何做人，我們再來聊聊如何做一個成熟的投資人。

首先，投資的思維千萬不能是「投機」，這點真的很重要，因為很多剛進市場的新手，都想在股市賺快錢，但抱著這種想法就盲目進入市場，是很危險的。

我可以在此大膽斷言：投機就是一件壞事。

而除了思維，投資的態度也很重要，在市場上能成功的人都非常努力，但大多數人只看到他們成功的、光鮮亮麗的一面，但其實，只要我們認真對待市場，並充分了解它，想從市場賺錢並不困難，難的是那些想要投機取巧，卻不願意端正心態，並真正去努力的人。

讓我們共勉之。

鍾建國

闕又上財經學院王牌講師，擁有超
過 30 年投資經驗，曾為大型電機
公司副總經理，擅長長期投資與資
產配置。

闕又上均衡的
財富人生

投資目標怎麼定

04

做對的事情，
才能真的把事情做對

▶

投資，是科學與藝術的綜合體

什麼是「投資」？

舉個例子，學生在考期中考、期末考時，考卷上通常會列出所有已知的條件，學生則需要透過這些條件去求解，對不對？

當所有條件列出來後，我們只要根據條件算出答案即可。但「投資」沒有這麼直線進行，它是一道「所有條件都不存在，可是依然要求解」的問題。

我會說，投資是一門一點科學加上一點藝術的學問，但要說它是 100％的藝術嗎？不是；那它是 100％的科學嗎？也不算。投資其實是這兩者的綜合體，重點是什麼時候它的藝術性會多一點？什麼時候科學性會多一點？當然，沒有標準答案，而這就是投資的特質。

其實，投資在某種程度上如同人生。人生不能重來，不像打遊戲，輸了可以再玩一局：30 歲就是 30 歲，50 歲就是 50 歲，時間過了就過了。

> 投資其實是科學和藝術的綜合體，重點是什麼時候它的藝術性會多一點？什麼時候科學性會多一點？當然，沒有標準答案，而這就是投資的特質。

可是我們負擔不起這樣的沉沒成本，萬一在 20 歲時做錯一個選擇，但直到 50 歲才發現，原來過去 30 年做的事情都是錯的，想要改弦易轍就難上加難了。

而把這個概念延伸到「投資以累積財富」上，我們不僅要儘早展開行動，而且要選對方向，因為如果在錯誤的道路上奔跑，跑得再快也沒用。

「主動投資」與「被動投資」該怎麼選？

何謂「主動投資」與「被動投資」？

簡單來說，主動投資就是自己去選擇想要投資的標的，被動投資則是因為不會選股，所以把整個大盤買

下來，類似 ETF（exchange-traded funds；指數股票型基金）。

但買 ETF 不代表就是被動，因為 ETF 也可以設計成是一個主動型標的，例如，現在很夯的電信 ETF、電動車 ETF，我們可以買其中一個主題跟族群。

不過，這當中依然存有風險：如果現在這個族群正在流行，當然很好。但萬一退流行了呢？

以 AI 主題為例，當初 AI 從默默無聞變成赫赫有名，漲了之後隨即跌下來，接著又拉上去。所以，如果買主題型的 ETF，就要掌握好時間。

這種主題型的 ETF 跟主動選股沒什麼不同，但有個好處，就是可以不用單押個股，避免踩到雷，也可以分散風險。只是我們還是需要盯盤，還是得注意時間進出。買這種大盤型的 ETF，只要市場是好的，基本上不用去理它，只要長期持有，就會有好結果。

這，就是主動跟被動的差異。

不要顧著追逐金錢，而忘了夢想，人必須主動掌握金錢，而不是讓金錢控制我們。

主動掌握金錢，才能實現理想目標

如果今天你手上有 100 萬元，會想拿來做什麼？

假設打算出國遊學一年，那麼這 100 萬元就是這一年的經濟支撐。

當然，100 萬元不會從天上掉下來，所以我們才需要理財。畢竟，人生總有一些夢想要追逐，懂得理財，就能打造堅實的財務基礎，做為達成夢想的後盾。

不過，理財過程中，要特別注意一點，就是千萬不要本末倒置，顧著追逐金錢，而忘了夢想，變得「窮得只剩下錢」。畢竟，如果賺了很多錢，卻不把它拿來運用，就會變成是錢在控制我們的人生。所以，大家要建立一個觀念，就是人必須主動掌控金錢，而不是讓金錢來控制我們。

理財之前，先設定明確的財務目標

在理財之前，第一，我們的「財務目標」必須要明確。

第二，我們要將這個目標「量化」。假設去遊學要花 100 萬元，「100 萬」這個數字就是很明確的目標。財務目標不該是「越多越好」，而是到底要「多少錢」？這必須量化，並且有一個具體的數字。

第三，這個目標要「可執行」，如果我的夢想是希望 3 年內能上太空，這其實不太實際。

第四，這個目標具有「時效性」，如果希望在 3 年後能出國去遊學 1 年，而遊學需要準備 100 萬元，就代表我在這 3 年內必須要存到 100 萬元。財務目標的時間跟金額一定要明確，不然當夢想的時效過了，即使有了金錢也沒有用。

最後便是這 3 年內要做「什麼樣的投資」，才能存到 100 萬？首先，要投入多少？其次，要選擇什麼樣的投資標的才能做到這件事？我們要明白，3 年的準備時間，與 30 年的準備時間，選擇的標的絕對不一樣。

財務目標的時間跟金額一定要明確，不然當夢想的時效過了，即使有了金錢也沒有用。

▌從歷史經驗學教訓，找到投資定律

我從 1990 年指數在 12682 時開始進入股市，但我的經歷其實很悲傷：因為一個錯誤的決定，導致賠掉幾乎一整年的薪水。

當時我投資了兩檔個股，一支叫力霸，現在下市了，另外一支則是當紅的電子股。我在 12682 最高峰的時候買進去，接著隔年股市大幅度的下殺，我就殺出去了。所以我是買在高點，砍在低點！

那種感覺是很心痛的，導致我沒有再碰過股市。當然，這件事也學到兩個經驗：第一，今天的第一名，不代表以後永遠都是第一名；第二，買股票真的要看老闆，不好的老闆不要買。

直到 2000 年，我才再次進入股市，並買了台積電。當時台積電跟聯電說要去南科投資 5000 億，結果同年碰到科技泡沫。最後，我在 2001 年重演了 1991 年的悲劇——又砍在低點。等於大賠了兩次。

當然，如果現在回過頭來看，買台積電有錯嗎？完全沒錯，甚至我應該慶幸還好我買對了台積電，雖然到最後還是砍掉了，但至少當時選對了，跟我在 1990 年代的選股比起來進步很多。

後來，我在 2008 年又經歷金融海嘯，直到 2009 年終於反敗為勝，成功地買在了低點，只是悲慘的故事再次發生——當時只賺了 20 元就出場了。

回顧歷史，掌握市場週期

知道有一個叫「葵花寶典」的笑話嗎？葵花寶典翻開第一頁寫著「欲練神功，必先自宮」；結果翻到最後一頁，寫的是「不必自宮，也能成功」。

這告訴我們什麼？就是威廉·伯恩斯坦（William J.

> 股票不會重複發生同樣的下殺危機，但股市永遠都會有崩盤的一天。

Bernstein，1948 年～）提到的「投資四大定律」（The Four Pillars of Investing）：投資理論、投資歷史、投資心理學，以及投資產業。威廉・伯恩斯坦告訴我們，這四大定律中，最重要的是「歷史」。

我們都知道，歷史其實是人類不斷重蹈覆轍所產生的，如果有足夠的耐心去通盤了解歷史，會發現當下發生的很多事情，可能幾千年以前就發生過，只是我們沒能去熟讀歷史，所以一直不斷再犯重複的過錯。

馬克・吐溫（Mark Twain，1835 年 11 月 30 日～ 1910 年 4 月 21 日）有一句名言：「歷史不會重複，但總會驚人的相似。」（History doesn't repeat itself, but it often rhymes.）同理，股票不會重複發生同樣的下殺危機，但股市永遠都會有崩盤的一天。

1990 年崩一次、2000 年崩一次、2008 年崩一次、2023 年又崩一次。可以說，股票絕對有崩盤的一天。但這四次崩盤的原因都不一樣，然而，可以透過回顧歷史，去規避過去重複犯下的錯誤，並以此掌握市場週期。

從財務目標建立自己的投資哲學

若我們再往上提升一個層次，就叫做「投資哲學」。所謂的投資哲學，就是找到一個可解決大部分問題的方法，如現代管理學之父彼得・斐迪南・杜拉克（Peter Ferdinand Drucker，1909 年 11 月 19 日～ 2005 年 11 月 11 日）的名言：「做對的事情，然後把事情做對。」（Do right things, do things right.）

舉個例子，我們若身在台北，想去高雄西子灣的英國打狗領事館喝一杯啤酒，愜意地看著高雄港的船進進出出，就必須決定「該如何從台北去高雄」？

如果最後決定搭高鐵南下，「搭高鐵」就是 do things right，「南下」則是 do right things。簡言之，

Do right things 是「策略」，也就是投資哲學；Do things right 則是「執行」。

進一步延伸舉例解釋，往南的策略是搭高鐵，還是自己開車？其中牽涉到需要什麼時候抵達西子灣？若選擇搭高鐵，要搭什麼時候出發的班次？而當往南的策略都擬好，我就要準確「執行」，因為一旦沒有照著執行，例如錯過了高鐵的班次，就會導致無法在指定時間到達指定地點。

回到「投資」這件事情上，箇中的哲學如何解讀？

投資哲學就是先思考原本的財務目標是什麼？長期投資有長期投資的哲學，短期投資則有短期投資的哲學。

先不管本金有多少，假設現在我手上有一筆錢，三年後需要用到它，那第一階段的目標是什麼？也許有人會說是「不能把它虧掉」，那第二階段的目標，就是希望「資產可以成長」。但於此同時，也不能忘了第一個原則（即目標）：不可以虧損。

因此，如果是三年投資，最重要的事情其實是「保本」。我們要在可行的情況下多賺一點，但多賺不是第一目標，保本才是第一目標。

而如果是 50 年後退休要用的錢，第一目標又是什麼？答案則是讓它「增值」，所以在長期獲利的前提下，短期的浮虧就可被接受。

由此可見，長期投資與短期投資的思維相當不一樣，而財務目標跟投資哲學亦有絕對的關聯，也就是所謂的 Do right things 與 Do things right。

大盤不可預測，
先了解自己的風險承受度

我們可以看到加權指數從 1990 年代的 12682，一直到現在來到 18000，期間經歷了 30 多年，這代表股市走向是上漲的，對不對？但過程可不是一帆風順。

當我們在講投資報酬率，應當要記住一件事：這是

現實過程中，絕對不是每年 5%、6%、7% 這樣穩定的漲上來，一定是有上有下，只是長期下來，我們會看到最後的終點比起點還高，此時報酬才會是正的。

數學，是「事後回算」的數學。在現實過程中，絕對不是每年 5%、6%、7% 這樣穩定的漲上來，一定是有上有下，只是長期下來，我們會看到最後的終點比起點還高，此時報酬才會是正的。

而如果最後的終點，比最初的起點還低，報酬就是負的。所以，投資對的市場很重要。然而，即使是終點比起點高的情況，也不要忘了這中間的過程仍舊是不平穩的。

如果碰到市場波動，投資人應該做些什麼事情？回到先前提到的，從 1990 年代的 12682 直到現在，我們可以看到過程中有上有下，像 2008 年的金融海嘯，那

是一種 V 型反轉。但每一次都是這種 V 型反轉嗎？不一定喔！事實上，2000 年那次，是連跌了三年後來才上來的。

個人能力，決定你的風險承受度

沒有人可以預測到底會跌多久？所以，風險承受度要可量化。每個人的心中應該都要有具體的數字，並不是告訴自己「越少越好」，而是自己可以接受「多少百分比」的下跌？每個人的風險承受度不一樣，而每個人對報酬率的期望也不一樣。

有的人能力比較好，比如我的選股能力比較好，所以不會用 S&P500 的報酬率當標準，而是要比它多個 5%、8% 的；有人認為自己的能力沒有那麼好，所以就以 S&P500 為標準。風險承受度是跟個人能力有關的，但有一個很重要的前提，是我們在講「多久」的報酬率？你是講 1 年、2 年的，還是 10 年、20 年，甚至是 30 年的？

每個人的風險承受度不一樣，而每個人對報酬率的期望也不一樣。

最後，短期內想要贏過大盤，這種機會並不是沒有，但如果要連續 30 年贏過大盤，就真的要有功力了。巴菲特就是這個等級的。其實，人人都有機會成為巴菲特，但能不能真的成為巴菲特，就全憑個人的能力。

為了達成財務目標，一定要做資產配置，讓一些比較保守的資產，能幫我們撐過這些危機。但它也有缺點，就是如果遇上股市大漲，會變成你的拖油瓶。

這時，我們能不能接受？當然，我們也可以選擇都不防守，沒有人說一定得防守。但這時我們要想清楚，當我不防守，要面對的問題是什麼？要面對的後果是什麼？如果防守的話，好處是什麼？但同時要付出的代價是什麼？這就是自己要想清楚的。

高風險等於高報酬？
大盤 ETF 分散風險

根據「現代投資理論」（Modern Portfolio Theory），哈利·馬可維茲（Harry Max Markowitz，1927 年 8 月 24 日～2023 年 6 月 22 日），告訴我們「報酬」跟「風險」的相關性。我們知道，每一支股票都有其對應的報酬，但每一支股票也都有其隱含的風險。簡言之，想要得到高報酬，就必須忍受高風險。

這句話可不可以反過來說，如果自願忍受高風險，就可以得到高報酬？殘酷的是，即使自願忍受高風險，也不代表會得到高報酬。

以比特幣為例，如果有人從頭抱到尾，抱到差不多 6 萬元時，那時的報酬的確會很高，但中間承受的風險

---

11 係指衡量個股與大盤的相對波動關係。若 Beta 值大於 1，則該標的波動程度大於大盤，若 Beta 值小於 1，則該標的波動程度小於大盤。

買大盤的目的在於「分散風險」，但無論如何分散，都有基本的風險要承擔。

也非常大。這就是哈利・馬可維茲提出的「報酬跟風險的關聯性」。

今天我們只是一般的被動投資人，該怎麼選擇標的？選擇標的的目標是什麼？通常都是希望可以得到最好的報酬，並期望它是最小的風險。那我們應該怎麼辦？這也與前面所提到的有關。

這就是我們為什麼要買大盤？因為就算買了非常優質的個股，還是無法分散風險。而買大盤的目的，就在於「分散風險」，也可以得到大盤整體的報酬。但無論如何分散，依舊有一個基本的風險要承擔，為什麼？因為大盤總是會跌，跌的風險是無法避免的。

我們稱之為 Beta 值[11]，不管怎麼去避免，Beta 值永

遠不會等於 0，它一定會有一個基本風險存在，而這個
風險，是無論怎麼分散都逃不開的。

▎不同世代，有不同的風險和機會

我認為年輕人應該有自己的想法，並且要勇敢走出
舒適圈。在不同時期，你們會面臨到不同的挑戰。這
有好有壞，在我們過去的那個年代，也會有那個年代
的挑戰；然而，你們無法回到過去，我們也不可能將
人生重來，這就是現實。

可喜的是，可以尋找現在這個世代的優點跟缺點，
並盡量利用優點、避開缺點。

「答案太多」的現代，需要有正確判斷力

網際網路發達，查資料這件事變得太方便了，把問
題丟給 Google，一下就會給出很多答案。以前我們想
找到答案，得花費很多時間跟心血。然而，相對的，

這個時代假消息太多，人應當要有自己的判斷能力，而判斷能力的養成，靠的是「多閱讀」。

科技高度發展所面臨的問題是什麼？就是「答案」太多了。一個問題拿去 Google，跑出 235 個搜尋結果，那這 235 個答案中，到底哪個是對的？哪個又是錯的？

這個時代的假消息太多，人應當要有自己的判斷能力。那麼，「判斷能力」如何養成？最簡單但超有道理的答案，就是靠「多閱讀」。

不要因為你是理工科，就不去涉略經濟方面的書籍；也不要因為你是文學院，就認為談錢太俗氣而不去學習投資理財。

除此之外，我們還要養成「系統性」的學習，雖然花了很多時間讀書，但學到的東西是否真有進入腦袋裡？這些知識究竟能不能讓自己一輩子帶著走？

總之，年輕人要多讀書，並且有系統性的讀書，加上跨領域學習，不僅會讓人的各方面，無論是世界觀、人生觀跟價值觀，都有很大的進步。

投資自己，為長期目標持續奮鬥

回到投資，買股票就是投資，而投資的本質，是希望投資的公司能幫我多賺一些錢，而不是抱著投機的心態，認為這家公司的股票可以「飆」多少？事實上，我們看一支股票是怎麼飆上去的，通常就會怎麼跌下來。

我們常說年輕人要參與社會、經濟的成長，重點就是要如何主動去共享這個社會成長的果實，而不是等著政府配給。投資就是參與經濟的成長，如果能參與到經濟的成長，就不用擔心所謂的低薪環境。

當然，第一件事情是要投資自己，這是最重要的；第二件事，就是要把錢存下來，並為你的夢想做準備，不論這個夢想是什麼都可以，比如是買房子、結婚、

投資就是參與經濟的成長，如果能參與到經濟的成長，就不用擔心所謂的低薪環境。

生小孩，至於是不是這種比較傳統的夢想，就交由你們決定。

由此延伸，要不要這麼早就決定放棄買房、放棄結婚、放棄生小孩？倒也不必，如果 30 年後，你有 5000 萬，會說不買房嗎？可若 30 年後，你還是只有 500 萬，就真的很難買了。所以，重點在於「長期目標」在哪裡？你願不願意為它去奮鬥？

確認自己的目標，勇敢前行

曾有記者問過達賴喇嘛：「我們如何確定自己的目標？」達賴喇嘛回道：「如果你知道要去哪，全世界都會為你讓路。」

所以我們應該要先思考：「這是不是我的目標？」

如果是你的目標，再問問自己，「願不願意用盡一切的努力去達成它？」

吃苦是必要的手段，但為什麼一定要吃苦？因為你有一個想完成的夢想，而這個夢想，正是吃苦的動力。如果你根本不想為了這個目標盡力，即使有人在身後拿鞭子打你也沒有用，但只要是你心所嚮往的，不用他人去介入，自己就會往前邁進。這，也就是 You believe, then you see.（你先信服了，就會看見）的道理。

李哲緯

綽號鮪爸，交易心理教練，著有《在
交易的路上，與自己相遇》，擅長
交易心理學。

如何用心理學的方
式做好交易

05

在投資的理性與感性
之間，找到平衡

▶

情緒影響交易？
如何讓理性戰勝情緒？

所謂交易心理學，顧名思義，就是把「交易」和「心理學」做結合。

我們在做心理輔導時，會談一個人的「認知」「情緒」及「行為」，而交易心理學就是討論大家在投資、交易的過程中，自我認知如何對決策產生影響？當決策結果出來之後，我們產生了什麼樣的情緒？而這些情緒發生後，如何去干擾到後續的行為？

簡言之，交易心理學就是在討論「交易決策過程中的認知、情緒與行為。」

別讓決策疲勞拖累決策品質

「情緒」實際上是一種生理反應。當一個人心理素質很好的時候，情緒波動不會那麼大。換言之，如果一個人的心理狀態不是很好，情緒波動就會大。

這時，就會想透過做出一些「行為」，去左右我們自身的情緒波動，比如當人產生負面情緒時，就會去干預一些事情，讓自身脫離這樣的情緒，即便理性上知道自己在做不對的事情。

以投資人為例，當一個人盤中虧損，並遇上該停損的時候，就會陷入負面情緒，進而做出「為了不要這麼痛苦，我再多打一點資金進去」的行為，而這種行為就是所謂的「凹單」。假設他選擇做多，當股價往下跌時，就會去做買進的行為，目的是攤平成本，最後產生「我的成本好像更低了，所以又可以再撐久一點」的想法。

其實，很多人知道凹單是錯的，但當他陷入認知、情緒與行為的矛盾時，即使認知上知道，但以當下的情況與感受上而言，不去凹單反而才是痛苦的，因為他也無法解決這樣的情緒。

通常，我們在下單時，交易狀況最好的單，是還沒進場的時候，通常那一筆單的狀況、純度是最高的，

可是到第二筆、第三筆的時候，會因為決策疲勞，導致我們交易決策的品質越來越差。

什麼樣的交易狀態最好？ 不可能是「沒有情緒」！

普遍人會認為，「沒有情緒」才是好的，但人是無法沒有情緒的，我們只是把情緒壓抑在察覺不到的地方。有些人在交易過程中遇到虧損，覺得不舒服，就會認為「不要去想那個虧損」就沒事了，但透過心理學中的「白熊效應」，可以知道「越是想要去忘記一件事越會想起」。

原因是我們在思考的過程中，若要消除一個想法，其實要先經過「喚起」才能「消除」。因此，當我們一直在壓抑情緒時，實際上是一直在喚起情緒，只是自己並沒有意識到。

當我遇到這類型的個案，如果是面對虧損，對方通常都會一直壓抑自己的情緒，可能連續五筆虧損都是這樣壓抑，而當第六筆依舊不如預期時，情緒就會失控。此時個案就會做出不對的行為，例如選擇借很多錢打進去，或是死命凹單。

學交易其實是一種訓練自身的過程。我過去曾在書中提到「系統減敏感法」，假設有 A、B 兩人下一樣的資金，今天 A 的風險承受度較高，可以承受一筆 5000 元的虧損，但 B 只能承受一筆 3000 元的虧損，那 B 就要練習下單，讓他的損益波動到 3000 元，並持續一段時間，直到能適應之後再增加部位，讓損益波動的最大回撤達到 -5000，透過這樣循序漸進，慢慢的適應。

像 B 這類無法像風險承受度高的人，不容易去適應虧損，但我們可以透過訓練，刻意練習適應虧損這件事情，進而提高自身的風險承受度。

感謝年輕時就賠了上百萬？
砍掉重練為時不晚

我在大學時就開始學習投資，當時交易的狀況還不錯，有小賺個幾十萬元，後來因為不想工作，我選擇去融資，結果融資之後遇到行情下跌，變成幾個月內虧了幾十萬塊元。

當時的我不甘心，覺得這筆錢虧掉了，想把它凹回來，所以轉去做美股的槓桿型 ETF。一開始也賺了一些錢，但因為我不太了解槓桿的細節，對美股的熟悉程度也不高，後來又連虧了幾十萬元。就這樣累積下來，虧了 70、80 萬。

和原先預想可賺大錢的結果不一樣，而既然已經虧了這麼多錢，最後就決定要放手一搏。於是，我轉而在軍中再借了大約 80 萬的軍貸去做 buy put[13]，果不其然，結局是那 80 萬也不見了。

---

13 選擇權的一種交易策略。

> 面對虧損時，通常都會一直壓抑自己的情緒，反覆累積後，情緒就會失控。此時就會做出不對的行為，例如借很多錢打進去，或是死命凹單。

剛開始，我當然不能接受，內心非常掙扎，但因為我本身就是心理輔導專業，知道壓抑情緒、放任自己內耗會很傷身，也可能導致我去做一些更無法挽回的事情，所以就決定跟太太講，並把一切砍掉重練。

投資賠了一大筆錢，請先適時說出來

我現在做的交易心理諮詢與訓練，其實就是想要推廣、呼籲大家要把自己的狀況適時說出來。

當然，可以不用全部說出來，假設有個人今天賠了200萬，他可以改說「我好像賠了一大筆錢」，給自己一些彈性的空間。

但一定要「說」出來，因為當我們不說，就會把它壓抑住，那到最後就會像曾經的我一樣，再借一筆錢，最後再賠一筆錢。

其實，不只是交易，生活上也是如此。我曾在書裡面寫道：「怎麼生活，就怎麼交易。」如果一個人在生活中遇到工作壓力、遇到夫妻吵架壓力，都選擇忍氣吞聲，到最後，行為就會被情緒與壓力反噬，可能就會演變成家暴。

對應到交易行為上，當一個人沒辦法去排解虧損所帶來的負面情緒的話，最後就是爆倉，接著使用槓桿，然後進入惡性循環。

跟誰說，很重要

面對這種狀況，我通常會給大家一些建議：

第一，一定要先「覺察自身當下的狀態」。比如我知道現在心情不好，那麼，讓我心情不好、鬱悶的原因是什麼？可能是課業壓力、工作壓力，或是其他壓力，無論如何，要先知道自己的壓力源來自於哪裡。

> 當一個人沒辦法去排解虧損所帶來的負面情緒時，最後就是爆倉，接著使用槓桿，然後進入惡性循環。

　　第二，找一個「信任的對象」，把這件事「說出來」。我前面提到「說出來」很重要，但有的時候，大家都只把重點放在「說」；其實，傾訴對象的選擇也很重要。我通常會建議去找可信任且不會隨意評價的對象，今天我們要可以相信這個人，這個人也不會以「沒吃過苦所以才會心情不好」評論自己。

　　第三，這個對象不會將這件事洩漏出去。

　　如果這個對象不符合以上幾點，他非但不能信任、也會隨意評價，甚至會將這件事說出去，那我們在傾訴的過程中，就會受到二次傷害。如果實在沒辦法找到適合的人，我就會建議去找專業人士，無論是心理師還是投資顧問。

交易不是人生全部，別急著自我否定

找到一個可以傾訴的對象後，下一步，就是將我們的情況說出來。

前面有提到「認知」、「情緒」跟「行為」，我們就將自身情況記錄成這三個部分。

以交易虧損為例，認知的部分可能是：「我知道自己在交易規劃上出了問題。」

情緒上是：「虧損了，我感到很沮喪。」

行為上就會是：「因為這些虧損，所以我想要借了錢之後，再回去市場把它拚回來。」

結論是：「但我認為這個行為好像不太對，所以想找一個人討論。」

我們可以透過把認知、情緒跟行為記錄下來，再去跟這個可以傾訴的對象分享、討論。

市場上有很多人都是為了要逃避生活中的難題，把希望放在交易上。事實上，我們應該要先注意生活上

的困境，到底是不是交易能夠解決的？還是其實我們不應該逃避，更不該將期望放在交易的結果上。

這種情形，我通常會分成交易中的「心理狀態」與「心理期待」兩部分。心理期待是說，我們普遍會期望，透過交易去達成某個目標，或是完成內心的期待。

過去很多人來找我諮詢，都是說「我不想再做這份工作，所以我要在交易中賺大錢。」但理想狀況應該是，先去找一個適合自身的工作，再看交易能不能再幫自己多賺一些錢。

另外，有些投資人會因為自己的交易做得很差，導致否認自我，進而產生「我連交易都做不好，我是一個很糟糕的人」的想法，做交易常會發生這些概括化的否定狀況，導致個人在交易中的「心理狀態」變得相當不好。

「做得對不對」比「結果好不好」更重要

我們要知道，交易追求的應當是「過程型」的目標，即「該賺的錢有沒有賺到？」舉一個例子：我之前就

聽旁人說這個公司的績效好，我也覺得這家公司績效好，那我有沒有選擇買進？如果應該買進，我卻沒有去執行，那並不是沒有賠錢，而是應該要賺的錢沒賺到，當然，這個過程型目標就是失敗的。

但大部分交易者的期望，都是「結果型」的目標，用「今天有沒有賺錢」來斷定說我這筆交易做得好不好？

實際上，如果原本這筆單子會虧損 5 萬元，但因為我及時停損，最終只虧了 1 萬元，其實我是少虧了 4 萬元。大部分的人不會去自我獎賞這個部分，可我認為這是很重要的，因為「做得對不對？」比「結果好不好？」還要重要。

經歷情緒暴走，成為更好的職業操盤手

我經常強調「控制感」，即我們應該要想辦法「控制自己能控制的事情」。大部分投資人與交易者都有

一個很大的盲點，就是他們想要去「控制獲利」。但獲利是沒辦法控制的，因為獲利是跟市場的波動、走勢有關。

那麼，我們可以控制什麼？是「虧損」與「部位」。當大賠時，我們就要想辦法把風險範圍守得小一點，或是打進去的資金越少越好。

因為當連續虧損時，資金復原的曲線應該是 U 字型，意思是在底部整理的時間要很久，然而，大部分的人都希望大賠之後能立刻大賺回來，像 V 字型，觸底就立刻反彈。這對於無論是風險性，或是個人的心理承受來說，刺激都是很大的。

所以，我們一定要控制自己可以控制的。假如我已經虧掉 20% 的資金的時候，風險控制就要再抓更緊一點，或是下的部位就要更小，進而讓損益波動變小。

這時可能會有人問：「如果越下越小，不就越難把錢賺回來嗎？」對，但當我們資金曲線跌到底部的時候，要做的第一件事不是「賺回來」，而是「止跌」，

若是資金曲線再往下跌，虧損超過交易者心中的最大回撤時，交易者的心理狀況就會越來越差。

所以，我們要做的第一件事情，不是如何把這筆錢賺回來，而是要想辦法不讓這個狀態繼續糟下去。

大部分的投資人都在虧錢？哪裡出了問題？

現今社會上關於投資、交易的教學已經非常多，也有很多好的經典、書籍，而在交易資訊這麼流通的狀況下，其實大部分好的交易方法，大家大概都知道，差別就在於有些人是很厲害的高手，可以一年賺個 50%；而你學習市場上的經典、書籍中的方法，可能就會只賺個 10 ～ 20%。這之間當然會有些差距，但不至於一直處在賠錢的狀況。

為什麼會賠錢？我認為，是有些人並不清楚自身的交易心理與狀態。明明有一個好的策略，卻用了不好

當資金曲線跌到底部的時候，要做的第一件事不是「賺回來」，而是「止跌」。

的方法，或是用在不對的期待上，導致「策略」與「期待」不符合的情況，最後做出不該出場的時候出場、不該進場的時候進場的行為。所以我認為，大家應該要先去釐清自身的交易心理狀態與心理期待，再去選擇對應的策略跟商品。

判斷力！虧損是因為投資策略失靈嗎？

當然，不是全部的交易虧損都是因為心理狀態造成，但或許「大部分」是這樣。以均線策略來說，可能是因為過於知名且有效，大家發現這個均線策略不錯，進而使許多機構都投入這個策略，導致這個策略的胃納量越來越小。

這種情況，我認為就要花更長的時間去做測試。當這個均線策略開始虧損，甚至連續虧損的時候，資金與心理上的調整，不是再用更大的槓桿去下單，而是改用更小的資金讓它繼續在市場中測試。經濟學提到「大數法則」，意思是「時間要長、筆數要多」，這個策略的驗證性才會高。

如果這個策略以前可以賺錢，後來卻連虧了五筆，我就開始不相信它，那接下來做的事情，就會很可能變成我用更大的資金，去賭下一筆。

但有學過條件機率的人就知道，就算勝率再高，也不該用過大的資金去投入這交易，而應該用更長的時間與筆數，去驗證這個策略的穩定性。所以，當我們面臨不斷的虧損，甚而開始執行不理性的策略時，其實是因為心裡開始急了，急了就不管交易邏輯到底正不正確。

這種情況下，應該要先靜下心來，花時間去回測或驗證，或者採用其他的策略去做平衡。

> 就算勝率再高，也不該用過大的資金投入這筆交易，而應該用更長的時間與筆數，去驗證這個策略的穩定性。

但我遇到的個案，大部分是抱持著「我怎麼可能會錯？」的心態，這時候他就把交易的結果，跟他個人的價值或個人的認同做連結了，更甚不願意認錯、或不願意承擔交易的責任。

交易要穩定，先學會認錯

其實，交易中有很大一部分都跟「認錯」有關係。認錯的能力，跟你交易能夠做得長、做得穩定是有關係的。當我們在交易的過程中不願認錯的時候，就代表我對於這個結果抱有「非理性的期待」。

舉個例子，有些人常常會說：我每天就賺個 2000、3000 元就好了。這句話聽起來好像沒什麼問題，每天

給自己一個小目標，感性上、理性上都很不錯，但這句話其實意味著我每天都要獲利，等於我每天的勝率都要在 80％甚至 90％以上。

實際上，我們去看那些市場贏家的策略，他們會告訴我們勝率有 60％、70％就很不錯了。那你說，難道沒有什麼策略是 100％、每天都能賺錢的嗎？有，就是「定存」。我把錢放在銀行裡面，它每天都會生錢給我，我每天都會賺錢。但定存的問題在於，實質購買力會因為通貨膨脹而下降。

交易策略應該是在很多不同維度、不同光譜上去做選擇，並不是說單一策略就是最好或最差，而是在不同的光譜上去選擇、去尋找我想要的，再把這些湊在一起，變成一個適合自己的策略。

｜ 交易時的錯誤認知，如何解決？

有一種認知錯誤叫「確認偏誤」（Comfirmation bias），魯爾夫‧杜伯里（Rolf Dobelli，1966 年 7 月 15 日～）的《思考的藝術》（*Die Kunst des klaren Denkens*，2011）中提到「確認偏誤是所有認知錯誤的源頭。」比如說，現在看到台積電，我們的認知是台積電會漲，所以它是一支好股票。那我就會開始收集跟我認知相符合且正面的資訊，去佐證我的認知。

簡言之，「確認偏誤」是指，我想要證明這件事情是對的，因此找了許多符合我觀點的資訊，而這些資訊大部分都是「正向」的。

舉一個我自身的例子。我曾經投資過一家做智慧型手錶的美股。當時我對智慧型手錶完全沒概念，所以當我買進之後，就一直去找智慧型手錶的新聞，只要有新聞提到這家公司，我就會把他截取下來放在電腦裡。

買了之後，感性上一定會覺得說它應該是要好的、要漲的，所以我一直去看它的正面新聞、正面資訊。結果那家公司一直跌、一直跌。

講白一點，「確認偏誤」就是給自己灌安慰劑。後來我發現，很多個案來找我諮詢，他們都會先告訴我他們明明是對的，同時提供很多佐證資料給我看，說他們看了這麼多資料都是說這支會漲。那我就會貼一篇反面的、會跌的新聞給他們看，問：「這個你有看到嗎？」果不其然，沒有。

站在交易對手的角度去思考，避免偏誤

如果擔心自己在執行交易時有確認偏誤的問題，我分享兩個解決這個狀況的方法。

首先，在最開始時，要收集「正反兩面」的資訊。因為我們在下單之前的腦袋最清楚，當我們要去買這支股票時，一定是把正面的資訊拿出來看，同時，反面的資訊也拿出來看。

> 解決「確認偏誤」的方式，首先，在最開始時，要收集「正反兩面」的資訊；其次，要站在「交易對手」的角度去思考。

其次，就是要站在「交易對手」的角度去思考。假設我今天買了台積電的期貨，就要設想這時放空台積電的人在想什麼？

我在 500 元時買台積電，是因為它在國外設廠、政府支持等利多因素，而這時候選擇放空台積電的交易對手在想什麼？

或者，他也可能認為估值太高，或是本益比太高，又或是現在準備進入產業的淡季等。當你從交易對手的角度去思考時，就能很好的平衡你的想法。

假如今天遇上真的無法預測的黑天鵝事件而導致虧損，就牽扯到投資人怎麼去「歸因」事情的好壞。意

思是這件事情到底是「外部因素」還是「內部因素」？

如果一個人很習慣去做外部歸因，也就是認為「都是你們的問題，不是我的問題」的人，就是外控性格。另一方面，假設今天發生第三次世界大戰，這個人的認知是「因為我平時沒有扶老太太過馬路，戰爭才會開打、世界才變這麼醜陋」，習慣這樣內部歸因的人，就是他有一個內控性格。

在交易上，如果我們沒有辦法分辨這件事情到底是系統性風險，還是個人交易決策的問題，就沒辦法在交易的邏輯訓練與技巧上得到提升。

善用「正向心理學」
提升你的交易心理

「正向心理學」是由正向心理學之父馬丁・賽里格曼（Martin E. P. Seligman，1942 年 8 月 12 日～）提出的，其中包括「正向特質」、「正向情緒」跟「正向組織」。

> 正向心理學並不是要使大家所有事情都只去看正向的一面，而是當我發現有一些東西是負面的、有一些東西是正面的時候，可以有意識地去選擇正面的。

「正向特質」是指，我可以培養一個樂觀、正向的特質，雖然我本人較悲觀，或是我一直處在一個糟糕的環境裡，但我可以透過訓練讓自己看待事情時習慣去看好的一面。以交易為例，今天我虧了 5000 元，那我就要培養「原本這筆交易要虧 7000 元，結果我竟然只虧了 5000 元，所以其實我省了 2000 元」的心態與特質。

「正向情緒」則是指當我獲得好的感受與情緒時，要專注在這樣的情緒上。交易上，我要去專注在「我有獲利」這件事，儘管只獲利了 1000 元，然而這 1000 元，都能使我有這麼開心的感受，我就要把這個感受保留下來。

往後在遇到一些挫折時，會想到過去某些時刻有過好的感受，生活中不是只有負面的經歷而已，我應該要留意這些正向的情緒。

最後的「正向組織」，顧名思義，就是組成一個能給自己正向力量的組織。像我自己有交易心理的群組，大家會在裡面分享自己「虧了多少錢」、「哪邊交易做得不順」，這時就會有其他人出來發聲、去支持你。我們要去刻意地去製造出這個團體出來，而當我受傷或失意的時候，就有這個安全網可以把自己接住。

不要把所有負面情緒都壓抑住

然而，我必須強調，正向心理學並不是要使大家所有事情都只去看正向的一面，而是當我意識到有一些東西是負面的、有一些東西是正面的時候，可以有意識地去選擇正面的。

正向心理學也不是說要把所有負面情緒壓抑住，然後去強迫自己要很快樂，而是當我清楚知道負向、負

面的東西或情緒，我知道、且自己有感受到的同時，
有能力去將它排解掉，以及有意識地選擇正向的一面
與情緒。這才是正向心理學想要傳達的。

▶ 交易心理篇

張衡

現任臉書萬人社團「當沖波段價差」
版主，曾任「花花當沖分享社」版主，
擅長技術分析與各類期貨交易。

當沖波段價差

最簡單的投資方法

06

要累積財富，
長期投資是正解

▶

短線交易？長線投資？傻傻分不清楚

投資與交易最主要的差別在於，投資的風險承受度比交易低。

投資人一般是在生活上原先就有一定積蓄與穩定的收入來源，於是，他將這筆本來放在定存的錢，放在一個將來可能報酬較高的一些標的。

假設一位投資人有 100 萬元，他可能就拿 20、30 萬元去做投資規劃，剩下的放在定存，或是比較保守的資產。同時，投資人會希望股市是下跌的。

我們在進行投資的時候，需要理解整個景氣循環，等大盤指數開始崩跌，或是遇到景氣循環時，在低點嘗試分批買進。比方說，任何一個大盤因為 COVID-19、石油危機，甚至是歐豬五國等金融危機與外在因素而下跌時，對投資人而言，就是最好的進場點。

而交易又是另外一種概念。交易不只是把資金拿出來做儲蓄或做升值，而是必須要承擔一個成本，包括

> 任何一個大盤因為 COVID-19、石油危機，甚至是歐豬五國等金融危機與外在因素而下跌時，對投資人而言，就是最好的進場點。

心理成本與風險成本。不論市場是漲或跌，都要去感受市場的脈動。

投資人必須有能力做多或做空，甚至要不斷去嘗試其他商品。但這時候需要承受的風險，就相對比較大。

投資的概念比交易簡單

說回投資，最簡單的作法其實就是投資龍頭股，尤其是美股。我們看美股七巨頭[14]上漲了這麼大的幅度，對那斯達克指數的貢獻超過三成。

---

14 「七巨頭」為 Alphabet（GOOGL; GOOG）、亞馬遜（AMZN）、蘋果（AAPL）、Meta Platforms（META）、微軟（MSFT）、NVIDIA（NVDA）以及 Tesla（TSLA）。

2023、2024 年這兩年，如果把整個重心整個放在龍頭股，坦白講，會比辛苦選股來得好。當年我操作聯發科的時候，股價才 200 元，現在 900 多元 [15]。所以有時候想太多、研究太多，反而會浪費很多時間。

以龍頭股、產業循環股為例，基本上，這些公司有一定的未來性，只要在適當的時機去布局就好。相對而言，投資的概念確實比交易簡單，把一定的資金比例，放在一個比定存更好的環境，希望將來的報酬率勝過通膨、勝過定存。

先學習長期投資，再進入短線交易？

我可以分享一個自身慘痛經驗的故事，而這整個過程，剛好是我如何從投資轉而開始交易，再從交易變成賭博，再到資產歸零。

開始工作後，資產慢慢累積起來，我就帶著憧憬去台北、台中，找老師學習投資。大約在 2010 年時，有

---

15 張衡受訪時間為 2024 年 2 月。

投資的概念確實比交易簡單，把一定的資金比例，放在一個比定存更好的環境，希望將來的報酬率勝過通膨、勝過定存。

了一點資金，我希望可以從中獲得一些成就，結果是在投資裡面賠了一筆大錢。所以我想：好吧，那就來學交易吧。

當時的我，犯了很大的錯誤，就是重押在某一股。我照著課本說的「汰弱留強」來操作，本來買了五、六檔，最後慢慢集中在最強的那一檔，它叫作「凌耀」，現在已經下市了。

2011 年時，它的股價高達 180 幾元，當時我用了一些技術分析，覺得它已經準備要突破，後來它真的也突破了！於是我把所有的錢全部押進去，但在我買進之後，它在兩天內就連跌四根、五根，股價從 180 元跌到只剩 90 元。

最初，我是沒想要做交易這一塊的，本來我的想法是，我今天在投資的領域跌倒了，就要在這個地方再爬起來，但後來發現自己一直爬不起來。這就是為什麼我會從投資慢慢走到交易。

當賠錢變成一種慣性……

大概是在 2018 年的 3 月，當時我在補習班教課，很難做台指期，所以我必須先掛好預掛單，等到中午再去看它的結果。

當時手上的部位遇上回檔，但我不甘心，所以不斷攤平。等到上課結束回到家，已經晚上 11 點多了，那時候，手上是 90 口、100 口的大台，其實只要指數稍微反彈到我的成本，就可以出。

但我就想要少賠 50 到 100 萬的感覺，所以我在電腦前盯著盤，等著隨時要出，看著看著，它當時也的確反彈過了成本價。當然，如果那時候我直接饒過自己，就沒事了，但我沒有。

用錯誤獲得的短暫幸福，最後也會因為錯誤而失去它。

回想起來，我覺得那已經不是到底有沒有意識到，而是因為當時整個生活、心理狀態已經瀕臨崩潰了。但有一點，我認為自己做得還不錯，就是我把交易跟我的教育本業、我的家人分得很清楚。儘管為了把他們分得很清楚，我也很痛苦。

這就像正在面臨洪水，如果要阻隔洪水，堤防需要很堅固。心理上，我需要強迫自己，因為我的本業是老師，教育孩子是我的職責，我需要指導孩子，協助他們解題，但解這個題目後面的代價，就是 20、30 萬。

曾經有個孩子留下來提問，當時已經開盤了，我知道自己已經來不及設出價單，只能認賠。但那時我有一定的自信，相信自己賺得回來，我甚至會告訴孩子們：沒關係，這只是一個過程。

最大的挫折是，我已經無法分辨我是不是太貪心？因為我累到直接睡著了。等我醒來後，它實際上是個空頭的回檔，接著就跌下去了。

早上 8 點 45 開機後，帳面上已經賠掉一台進口車以上。我不知道到底要不要停損，因為一旦停損，就輸了。但我知道，在口數這麼大的條件下，哪怕是 100 點、200 點，就要追繳保證金，加上我以前受過訓練，知道紀律上應該要停損。所以我還是硬著頭皮停損了。

最諷刺的是，當我停損後，它就上漲了。那時我在床上蜷起身，像個弓字，動不了，也哭不了。這個痛苦不是源於我今天到底賠了多少，因為這就像個賭博，只是我贏回來的錢又賠了出去。但最讓我感到挫折與痛心的是，這不是第一次發生了。

這讓我想起以前高中和朋友在一個電影社團，寫劇本時我曾寫下一句話：「用錯誤獲得的短暫幸福，最後也會因為錯誤而失去它。」在賠錢後想起這段話就特別有感觸。賠錢像是一種慣性，而我不斷地重蹈覆轍。

當資金缺口一出來，你就很難再回到投資的世界了。

我能提供的最大幫助，就是把你拉住

這幾年，如果說我幫助過別人什麼，其實就是把他們拉住。為了拉住他們，我會要求他們要誠實，因為他們在心態上跟我當年一樣，很痛苦、很無助，甚至還會去借錢。可當資金缺口一出來，你就很難再回到投資的世界了。

所以，當沖很恐怖，因為當沖本身的槓桿幾乎可以想像成無限。我覺得這是一個非常邪惡的過程，如果歷史可以重來，我一定會告訴自己，先把一部分的錢放在老婆的戶頭裡。

不要全部重押，你可以抱得住想要的優質股

儘管如此，我是真的喜歡投資，像是航海王、南電、

欣興、鋼鐵，還有 AI、高力、重電、重機等，如果我們以健康的心態去投資，不要全部重押，是可以抱得住的。

像我就是因為倉位很少，才抱得住，而很多人抱不住，就是因為倉位太大，而且將用於生活的費用都放進股市，這是非常不妥的。

當初我就是從健康的投資心態，到必須藉由更大的槓桿才有辦法贏回來，因而產生一種深陷泥淖的感覺。這種心態當然是錯的，但比較幸運的是，我在整個過程中慢慢抓到竅門。

我從 2018 年後開始走技術分析，因為我大部分的重心已經放在臺指期，那時候反而已經不去做個股，或是所謂的價值投資。

不要讓投資，賠掉你的資產、信用，以及人生

我印象中，有一個做期貨的人，他原先也是做股票賠錢，後來去跟自己的爸爸、爺爺借錢，當時他跟家

如果我們以健康的心態去投資，不要全部重押，是可以抱得住的。

人講得很有希望、很有想法，結果到最後把爺爺的錢全部賠完。接著他就去做台指期跟海期。而等到他開始賠到接近我當年那個金額的時候，生活已經受到很大的影響，但他還是繼續走選擇權。

這個選擇又跟當時的我一樣，所以我想盡最大的努力把他拉住。那時的他已經開始有點情緒不穩定，但我能幫他的，不是告訴他如何翻身，而是勸他去認清自己身邊還有什麼。

我一直告訴他，我現在能幫的，不是告訴他什麼方法可以把這些賺錢回來，而是勸他不可以再做這件事情了。

他反問我：「為什麼你可以？」

我告訴他：「我也寧可有人拉住我。」我已經知道

不斷重蹈覆轍的痛苦，就好像在地獄裡循環，除非你可以把它調適成是一個競技場，把每筆交易視為一場比賽，你要能允許自己失敗、犯錯。

而除了承認自己的錯誤，更要正視一個事實：這些東西可能這輩子都回不來了。

堅持「我沒有輸」，卻把整個身家賠進去

最殘酷的，就是不斷的、重複的犯錯。我唯一可以幫助這些人的，就是告訴他們：「你需要認識到自己的錯誤。」有時候會發現，他們承認錯誤的原因，只是為了獲得救贖，而這個救贖，還是來自於金錢。

我確實可以投資他，可以給他一筆錢讓他翻身，但我不可能這麼做。我都會直接告訴對方：「我可以給你看我今天的對帳單。」

他看完說：「哇，怎麼這麼遜啊？」

我說：「對，我就是這麼遜。但我跟以前比起來，已經沒那麼遜了。」

前面提到的最大挫折，跟那個幫助印象最深的故事，其實是同一個性質的事。事實上，整個過程中，幫助自己最多的人，還是自己。我也很感謝現在有這樣的社群與同伴，雖然表面上是我在幫助他們，但我跟他們說的每一句話，都是我當年希望有人能告訴我的。而且，更殘酷的事實是，我們不得不承認，說這麼多不見得有用，只要它沒有內化成你的肌肉記憶或生活習慣，聽 100 遍都沒有用。

比方說做當沖，本金就這麼少，如果今天跌破一個價位，只有心理上認錯沒有用，因為手上的停損還是沒按下去。

也許你想說：我今天的本金就這樣。假設我今天能交割的錢只有 20 萬元，但因為我今天凹單太多，到最後就真的停損不下去。如果沒有辦法去承認自己的錯誤，今天交割的時候就完蛋了，故事就結束了。所以，就算前面聽了一些話、得到一些幫助，到頭來還是沒有實質作用。

不值得的冒險

以我個人為例，我那時遇到失敗，做了融資，帶來的傷害是很大的。我家在愛河附近，我把車子停在河邊，並不是想不開，而是一直在想該如何面對家人？我在橋上哭，但同時還是開著筆電，繼續看著美股發生什麼事，市場有什麼新聞。

再來就是想我現在錢散了一半怎麼辦？最後我選擇了融資。但即使融資之後，我的技術依舊還是沒進步。坦白講，我的實力還在那裡，但我用的工具、槓桿卻加倍，導致風險越來越高。

假如融資後又贏不了怎麼辦？就會想看有沒有更大的槓桿或更大的商品，最後就找上期貨。現在想想，這整個過程很殘忍，我的股票都已經賠了，沒想到在期貨賠的錢至少是三倍以上。我幾乎是一路賠到原點，再重新再爬起來的。

很慶幸我至少還有不錯的本業，而且對本業還保有熱情。所以，如果沒有穩定的收入來源，真的不適合

> 最重要的原則就是風險控管，在整個宏觀的資金裡面，手邊有多少錢就做多少事；接著要認識到自己的渺小，認識到自己是很無力的。

去做這樣的冒險，但就算我有穩定的收入，也很後悔做出這樣的冒險。

有多少錢做多少事

最重要的原則就是「風險控管」，在整個整體的資金裡面，手邊有多少錢就做多少事；接著要認識到自己的渺小，認識到自己是很無力的。

另外，用一定的比例拿來投資就好，比如兩成或三成，因為就算跌慘了，你還可以健康面對你自己。坦白講，那些強勢龍頭股或比較優秀的股票，它大概率是回來的，這就是個健康的投資狀態。

把本業跟投資切割開來，
才不會毀了自己

我的父母親在我小時候創辦了補習班和幼兒園，因為我從小就在這個環境長大，也習慣去協助孩子、陪伴孩子成長。最早，我本來是要走國際貿易或公共行政，後來去國外讀書，在因緣際會下，又回到台灣。

因為在大學時當過老師，回來當補習班老師算是一種銜接，也是一個過渡。而後來我會繼續當老師就是一個意外，因為在金融這塊跌倒了，我需要一筆可以維繫生活的費用，所以不得不去把我的本業做得更好。

大家可能會思考一個問題：這樣會不會影響我的教學品質？我必須特別說明，在整個過程中，我把本業和投資交易兩塊切割得很硬。

但另一方面，就是因為我切割得很硬才很痛苦，因為我沒辦法跟別人分享我的難過，也捨不得跟老婆說我今天賠大錢。這件事上她確實不會受到一些情緒上

的壓力，但我必須承認，歷史如果可以重來，我覺得投資就好了。

交易最高境界：
不受影響，又能耐心等待出手時機

我的教育方式，在這幾年產生很大的變化。剛從國外回來時，我是一個非常美式的老師，上課很自由、很 freestyle，可以討論也可以爭吵。

這個過程可能比較幸運，我記得大約是十幾年前那一、兩屆帶得特別好，學生開始變多，但那時其實是我教育做得最差的時期。

後來，我的教學風格就慢慢做了一些改變，因為學生人數變多，管理上我就變得更嚴謹、更傳統，而且愈來愈重視權威跟效率。

然而，當孩子慢慢長大，我才發現，雖然以前權威式的教育方法，帶來的效率很高，但失去了我跟孩子更浪漫的童年。

比如說，我以前可以很自豪的說，我讓幾個孩子成績進步多少，班上有多少孩子變得更上進或更努力、更厲害。

但幾年來下來，等到他們上了大學就會發現，我當年那麼認真讓他們拚到這樣的程度，都是附加的，那並不是孩子原來的模樣。

孩子們可能會為了回應老師的熱情，而犧牲掉暑假，犧牲掉假日跟父母親相處的時光，甚至犧牲他自己的興趣。這樣的教育，只是滿足一個補習班的利益，滿足一個老師的成就感，但不是真的對孩子的未來有幫助。

其實，到了某個階段就會意識到「行行出狀元」，可能只有大考的時候，會覺得分數和成績很重要，一旦離開成績和學校，在不同的人生環節裡，我們可以透過其他方式去展現自己的價值。

人該在哪裡就在哪裡，你想要走設計、想要做餐飲，那就去做，不要勉強自己去當律師或醫生。作為老師，

再多的財富，都無法取代家人的愛。

應該順其自然地讓孩子們去發展，所以後面這幾年我也做了調整，不再強調要把學生推到什麼程度。

現在我會跟孩子討論，來試試看可不可以把成績維持在及格就好。這並不是為了要向父母交代，讓孩子用娛樂、興趣去交換好成績，而是希望能透過這種方式，讓孩子不要放棄興趣與娛樂的同時，還可以兼顧學業。

坦白講，「兼顧」對孩子們而言還太難，但我會將這個計畫和父母討論，而老師做自身能做到的部分就好。我現在跟家長都很誠實，倘若你如果真的希望孩子從第三志願衝到第一志願，要先跟孩子聊過，而不是催眠他。

我的交易心態與歷程好像也跟這個有關，從以前非常在乎績效，到有沒有辦法變得更成功、讓帳面的數據更好看，直到現在會去檢討如何讓自己交易策略的CP值更高，如何讓自己更不會受到交易的影響，又可以帶著耐心等待出手時機。

沒有愛，再多財富也是枉然

事實上，大概在四、五年前，我並沒有這麼愛我的家人，而且我當時並不知道我不愛他們。那正好是我做期貨成功後，馬上面臨巨大失敗的時期。又因為我認為自己已經努力把交易和生活做切割了，我會覺得「光是不讓家人感受到我的疲勞，就代表我已經很愛你們了。」畢竟那時候光是這樣，我就已經精疲力盡了。

但問題是，從家人的立場來看，我認為自己已經盡全力的事情其實是基本功。家人本來就不該承受這些多餘的壓力，但我當下認為自己光是不生氣，就已經很愛你們了，加上我又必須花費很多心思在學生身上。

後來，我發現有很多和家人的回憶都沒有真的沉澱。回頭去看我和兒子的成長，我都不知道那時的自己在幹嘛，可能是在忙著在解學生的作業，或是在處理一些金融上的壓力，甚至導致我缺席了兒子的成長。

大約在三、四年前，我開始發現這個問題，也坦白地跟我老婆說，有段時間我已經幾乎不愛妳了，自己卻不知道。所以，我現在跟我老婆幾乎是重新開始。我可以很大方的跟讀者說，是，我曾經是一個非常糟糕的父親，也曾是個非常糟糕的老公，後來我努力去改善，哪怕是近期，我們還是會有一些爭執，哪怕可能還有進步空間，但我已經嘗試去做到改變了。

畢竟，再多的財富，都無法取代家人的愛。

王者

截至 2024 年，是擁有 10 年投資經驗的投資人，《如果終極目標是財務自由，不如一開始就學投資賺錢！》作者，臉書粉專「王者觀點」版主，以及臉書社團「當沖波段價差」管理員。

王者觀點

王者工作室

與市場對話，
在投資路上穩健前行

▶

想成為職業操盤手，沒那麼容易！

剛學習投資時，因為閱讀許多跟巴菲特有關的書籍，當時的我是完完全全的長期投資派，重視公司體質、資產配置，以及等待股災的耐心，早已內化成我的投資系統，這也是為什麼每一次的空頭來臨時，我都會很開心，甚至期待股災的到來，好讓我有機會布局長期投資的部位。

正因為如此，我非常排斥技術分析，認為那只是分析師們拿來「馬後砲」的工具。但後來仔細思考：若這門技術沒有任何用處，為什麼會出現在市場上？

於是，我開始主動學習技術分析，並在深入了解後，發現技術分析其實是「統計學」，需要投資人主動判斷市場，並根據歷史統計，推測出未來最有可能的走勢，並期望在大量操作後，得到一套正期望值的交易系統；而且，不能單單只追求勝率，更要加入賺賠比一同思考。

後來的我，從最簡單的支撐、壓力、趨勢線，到比

技術分析其實是「統計學」，需要投資人主動判斷市場，並根據歷史統計，推測出未來最有可能的走勢。

較深入的道氏理論（Dow Theory）與亞當理論（Adam Theory）開始學習。在學習這些技術的過程中，我曾以職業操盤手為目標，因此時常醉心於研究和練習，但後來發現，交易遠比我想像中的困難。

交易有多困難？大概只有親自走過一遭才能體會，成熟的操盤手，需要隨時覺察自己的狀態，無論是過度亢奮、或是低潮，乃至情緒有任何不平靜的時刻，都必須遠離市場。

因此，我們還要學習如何與自己溝通、控制自己的情緒，更要知道每一次波動過大的情緒，是由什麼原因引起的，從中學習與過去的自己和解、為自己的交易與錯誤負起責任，並主動積極的過好生活。

執行交易不只需要技術，更需要修為

然而，事情沒這麼簡單，每個人都會在生活與交易中受到挫折，就算是成名已久的操盤手，也有可能一夜暴走，賠光一路走來累積的獲利。

有時倉位遭受虧損，數字上的下降並不可怕，可怕的是無止盡的自我懷疑與內耗，因為精神上的無助感及焦慮，往往才是打倒操盤手的真正原因。

操盤手在市場上做出的每一個動作，以及情緒的反應，看上去只是在執行交易，實際上是人生的縮影。學習交易的過程，對我來說，遠遠超過學習一門「技術」，感受上更像是「修行」。

回過頭發現，這些年來，我學習的是「人生」的道理，有一段時間更常常打坐與練習正念思考，用以調整自己狀態的同時，學著去享受內心的平靜，最後甚至愛上王陽明的「心學」，其中「順應良知」與「知行合一」的人生智慧，仍然被我謹記於心。

操盤手在市場上做出的每一個動作，以及情緒的反應，看上去只是在執行交易，實際上是人生的縮影。

誠實面對自己，在交易的世界中活下去

在這段學習交易的路上，我想特別感謝 YouTube 頻道「老余的金融筆記」及其團隊「眼見交易顧問」每週無私分享交易知識與人生智慧。

老余曾引用《禮記》當中《大學》篇的「修身、齊家、治國、平天下」，不僅成為我生活的依歸，同時也燃起我對於「交易心理學」的熱情。

依艾瑞克森（Erik Homburger Erikso）[16] 的社會心理發展階段理論（Psychosocial Developmental Theory），

---

16 艾瑞克·霍姆伯格·艾瑞克森（1902 年 6 月 15 日—1994 年 5 月 12 日），是一位德裔美籍發展心理學家與心理分析學者，以其心理社會發展理論著稱。並以創造認同危機（Identity Crisis）術語而著名。順帶一提，艾瑞克森的繼父是一名股票經紀人。

身為 21 歲大學生的我，在人生的這個階段，本來就對探索自我與人際關係有著濃厚的興趣，當年高中畢業後，我亦閱讀了不少相關書籍，只不過我看的不是傳統的心理學，而是「行為經濟學」。

這門學科雖然沒有心理學三個字，但其實是由經濟學與心理學融合後的全新經濟學學派。而行為經濟學也因康納曼（Daniel Kahneman）的展望理論（Prospect Theory），在 2002 年獲得諾貝爾經濟學獎。

有趣的是，康納曼本身其實是一位心理學家，可見心理學的含量極高。學習行為經濟學也讓我們可以知道，人多少會產生認知偏誤，其中包含常見的錨定效果 17、確認偏誤 18，以及大家比較不熟悉的展望理論 19

---

17 意指當人們需要對某個事件做定量估測時，會將某些特定數值作為起始值，起始值像錨一樣制約著估測值。

18 意指個人選擇性地回憶、蒐集有利細節，忽略不利或矛盾的資訊，來支持自己已有的想法或假設的趨勢。

19 意指人在面對高收益或低損失的選擇時，多數人會規避風險（risk-averse），傾向選擇效用低（也就是獲利低）且確定性高的選項。但面對低收益或高損失的決策時，多數人卻是尋求風險（risk-seeking），傾向降低效用，只求減少損失的可能性。

只有不斷誠實面對自己的錯誤並持續改進，才
有機會在交易的世界中活下去。

與稟賦效果[20]。認識這些知識後，反而更可以在交易失
誤後「原諒」自己。因為我們必須知道，有些錯誤是
來自「人性的失誤」而不是因為「自己很差」，這兩
種不同的思維邏輯，會影響投資人的決策與情緒反應。

當然，不論投資人的思考方式是屬於「內在歸因」
還是「外在歸因」，都要學習為自己的交易負起責任。
只有不斷誠實面對自己的錯誤並持續改進，才有機會
在交易的世界中活下去。

請注意，我的用詞是「活下去」，而不是「取得成
功」，由此可見，要成為一位成功的操盤手，難度有
多高。

---

20 形容當一個人擁有某項物品或資產的時候，他對該物品或資產的價值評估，
要大於沒有擁有這項物品或資產的時候。

「成功」是一門技術，
可經由學習而得

距離我出版第一本書《如果終極目標是財務自由，不如一開始就學投資賺錢》已過三年，這三年來，除了投資實力的成長外，我也意識到自我在各方面的茁壯。

這些日子裡我變得更有責任感，也更知道該如何用對的方式愛著身邊想要珍惜的每一個人，也感謝自己陪伴自己，度過了每一天與每一個難關。

我深知自己是一位幸運的人，身邊總是為圍繞著我喜歡的人們，也總是有喜歡的書籍可以閱讀，可以穿越不同時空去學習各位大師的知識，是非常幸福的一件事。

我特別喜歡查理・蒙格（Charles Thomas Munger）

---

21 是一種邏輯謬誤。意指過度關注「倖存」的人事物，從而造成忽略那些沒有倖存的（也可能因為無法觀察到），便會得出錯誤的結論。

> 命運是掌握在自己手中，「成功」也是一門技術，是可以學習而得的能力。

說過的一句話：「要得到你想要的東西，最可靠的辦法，是讓自己配得上擁有。」這句話不僅相當有智慧，同時也反應出了查理‧蒙格喜歡「逆向思考」的特質。

大家都有自己的夢想與目標，卻忘記檢視自己是否有條件「配得上」，當我們去看那些改變世界的人，他們的靈魂總是帶有勇敢、決心與熱情的特質，甚至帶有一定程度的偏執，以統計的角度來說，人們總是喜歡用倖存者偏差（Survivorship Bias）[21] 來說服自己，不會是改變世界或完成夢想的一員。

但我相信，命運是掌握在自己手中，「成功」也是一門技術，是可以學習而得的能力。有興趣的人，可以去看史蒂芬‧柯維（Stephen Richards Covey）的《與成功有約：高效能人士的七個習慣》（*The 7 Habits of Highly Effective People*）一書。

我們缺乏的，不只是理財教育

2023 年 7 月，突然有個瘋狂的想法進入我的腦中：我想採訪台灣各大投資、交易界的專家，並將訪談內容的精華收錄在一起，製作成台灣市場上從未出現過的書籍，同時剪輯成系列影片，上架到影音平臺。

這個想法大膽到連我都不認為可行，畢竟，訪談需要找來賓、寫訪綱，錄影需要準備器材與場地，還包括後續的剪接與製作，這很明顯是我一個人做不到的。

不過，在我媽的鼓勵下，我正式踏上了這段旅程。從尋找團隊夥伴、徵詢來賓意見、寫訪綱等事前作業，就花上了半年的時間，寒假才正式開始訪談工作。

我背後這支團隊的組成都是學生，可說是完全沒有相關經驗。令人慶幸的是，每一位夥伴都非常有責任感，專心投入在這個專案上，與平常在學校裡體驗到的分組報告，有著非常大的不同。

> 這個世代所缺乏的不只是理財教育，還有許多每個人在生活中都需要的知識與能力，比如思辨能力、溝通表達、與自我相處，以及愛與被愛的能力。

錄影期間，我們盡可能做了完善的準備，但由於沒有經驗，仍發現許多可以進步的地方。儘管如此，我依舊替團隊夥伴感到驕傲，能跟這群人一起犯錯、成長，甚至一起在花蓮度過 403 地震，這一切無疑會成為我青春年華中無法抹滅的一頁篇章。

雖然還不清楚未來究竟會發展成什麼樣子，但我仍相信我們可以發揮自己的影響力，去改變這個世界。與這群人共事的期間裡，我們發現這個世代所缺乏的不只是理財教育，還有許多每個人在生活中都需要的知識與能力，比如思辨能力、溝通表達、與自我相處，以及愛與被愛的能力。這些能力看似稀鬆平常，背後卻都有著很大的學問。

從美股到台股的巨量變化，將走向何方？

自 2024 年 2 月起，團隊進行錄影訪談至今，從美股到台股市場皆發生了許多變化，若要好好了解這幾個月來的變化，就要先來回顧美股這幾年發生的事。

當初 COVID-19 肆虐全球，嚴重衝擊美股市場，甚至在 2020 年 3 月觸發了四次熔斷[22]機制，也創下標普 500 單日下跌 11.98％的紀錄。

雖然股災總是在歷史不斷上演，但如此急促的下跌還是第一次發生，逼得美國聯準會際出無限 QE（量化寬鬆）[23]的手段拯救市場，讓美股在崩跌之後的半年，又繼續創下歷史高點。

不過，稍微有一點經濟學概念的人都會知道，無限 QE 這種「大撒幣」的手段，會讓市場出現通貨膨脹的

---

22 是指在股票市場的交易時間中，當價格波動的幅度達到某一個限定的目標（熔斷點）時，對其暫停交易一段時間的機制。
23 一種由聯準會釋出資金的貨幣政策。

現象，再加上 2022 年初爆發烏俄戰爭，原物料價格上漲，導致通膨，已經到了近幾十年來最嚴重的程度。於是，聯準會從 2022 年 3 月開始，一連升息 11 次，總累積升息 21 碼 [23]，企圖與通貨膨脹正面對決。

但升息的同時，還要擔心高利率會影響經濟市場，這無疑給聯準會帶來不小的挑戰。通膨從疫情手上，拿到了「打擊市場」的接力棒，非常稱職地完成它的任務，標普 500 自 2020 年初開始下跌了大約 27%。

同時，也帶給債券市場一大衝擊，如美國公債 20 年的 ETF 代表 TLT，就從最高點 179.7 一路下跌至 82.42，累積大約 50% 的跌幅，使得股票與債券這兩種負相關的資產，居然在同一期間被「雙殺」，截至撰文當下 [24]，標普 500 已創下歷史新高。

原本擔心美國經濟會「硬著陸」的聲音也陸續消失了，聯準會暫停升息，市場風向轉而討論降息的操作，

---

23 1 碼為 0.25%。

24 2024 年 7 月。

也開始期待債券可以因降息而重返當年高點。

全民炒股的時代又將來臨？

台股又是如呢？2024 年 2 月，台股重返 18000 高點，收復了一年來在空頭市場遺失的「領土」。令人想不到的是，半年後，台股衝破 23000 點，自 2022 年的低點起算，漲幅高達約 85％，每天都是股市創下歷史新高的新聞。

台股暴漲的幕後功臣台積電，也正式突破了 1000 元大關，市場形勢大好，讓台灣股民人數也暴增，截至 2024 年 6 月，台灣投資人開戶人數高達 1290 萬左右[26]，正式超過台灣總人口數的一半。可見台灣投資風潮盛行，隱約可見 1980 年代「全民炒股」的影子。

雖然我樂見全民學習投資的情景，但市場上的不理性與接近「狂歡」的氛圍亦讓我擔憂。這陣子出現違

---

26 數據來自台灣證券交易所：https://www.twse.com.tw/pcversion/zh/statistics/statisticsList?type=02&subType=264

約交割的頻率愈來愈高，包括不久前才看到台積電違約交割 2.2 億的新聞，讓人不免感到憂心。

做好準備與規劃，成為不疾不徐的投資家

提到市場氛圍，就不得不提 2024 年，造成台灣市場大轟動的 00940（元大台灣價值高息 ETF）。這檔標的非常特別，它憑著一己之力在台灣掀起投資狂潮，我們都能在新聞、廣告，以及各大論壇看見 00940 的影子，而它在還未上市前，就創下了台灣 ETF 的各項紀錄，也實在令人印象深刻。

當時的市場氛圍，可以說是異常狂熱，誇張到 00940 上市前一天，我在粉絲專頁特別寫了以下的文章來見證歷史。

00940 大亂之全方位超解析

00940 創立之初，憑藉台灣人最愛的「月配息」加上「巴菲特選股」廣告，在市場上颳起一陣不容小覷的旋風，我們看到解千萬定存的老人家、拿房子去貸款的屋主、申購失敗在證券公司大鬧的婦女，甚至見到了寺廟的尼姑，來搶購 00940 的現象。

全民學投資是我所樂見的情景，但這次 00940 的盛況，似乎用「全民瘋投機」來形容更為適合。先排除 00940 這檔 ETF 的本質，我們光從市場氣氛就能見到不太尋常的景象：前陣子開放申購時，銀行的隔夜拆款利率甚至飆上 0.7%。

看不懂嗎？沒關係，我來用白話文翻譯：這檔 ETF 造成了銀行的流動性風險。再白話文一點的話，就是銀行的錢全部被領光。這不是瘋狂，何謂瘋狂？這陣子身邊有些朋友因為台股熱潮去開證券戶，也想嘗嘗投資的滋味，不料聽到營業員分享最近每天加班到晚上 10 點，就為了處理 00940 的申購工作。

說個不少人都聽過的故事：擦鞋童理論（Shoeshine Boy Theory），又稱零股理論（Odd Lot Theory）。這個理論是甘迺迪在 1927 年時提出的，不過，這位不是我們所想的那位美國總統甘迺迪，而是美國總統甘迺迪他爸、老甘迺迪提出。

　　擦鞋童理論主要在分享，要是連廣場上的擦鞋童，都在討論股票有多好賺、哪一檔股票未來一片光明，市場就差不多到了頂點。未來股票是否崩盤，我不敢多說什麼，畢竟，一個理性的投資者不該去「預測」市場，但目前的氛圍卻讓我看到了一點「擦鞋童」的既視感。

　　自從 COVID-19 崩盤、聯準會升息後，股市迎來復甦，每天都可以看到美股三大指數創新高，台股也跟著世界股市的趨勢，創下了 20000 點的新高，近期在生活周遭，無論是捷運上、公車上，還是學校裡，都可以看到老年人、中年人，甚至是與我們年紀相仿的大學生，都開著證券 APP 看著選股名單、江波量價、五檔分析。他們究竟有沒有看懂手機中的資訊，我也

不明白，但看到個個眉頭深鎖的神情，我想，情況不是很明朗。

說個有趣的，身為高股息系列的領頭羊，即0056，是花了整整 14 年，才讓資金規模上千億，而00940……根本還沒出生就破千億了，募集資金還是遠遠高於千億的 1752 億。

各位要知道，國安基金的規模也才 5000 億。如果規模 3000 億的 0050 與規模近 2000 億的 00940 聯手起來，其實也是有能力護盤的。

接下來，讓我們把市場情緒放一邊，來好好看看00940 的本質吧！先來討論讓 00940 大受歡迎的特色：月配息。

台灣人近些年來流行存股，喜歡領到配息的感覺，也因此市場出現了越來越多季配息、月配息的組合，甚至可以拿月配息的 ETF 組成「週週配」。

我懂領配息有多快樂，畢竟，誰不喜歡有人常常送錢給自己？

但我們常常忘記思考一件事情：常常配息真的好嗎？我們讓台股最經典的 ETF 0050 與 0056 來做個比較，他們分別代表「價值型」與「高息型」。

　　我看過一組數據，自 0056 的出生日 2007 年 12 月 26 日算起，將 0050 與 0056 的含息績效算到 2024 年的 2 月，0050 大贏 0056 約 100％，也就是差了整整一倍。若是我們不是需要穩定現金流的退休族群，而是需要資金成長的大部分人，那投資「高股息」系列是否有效率？這是值得我們思考的。

　　再來談談「巴菲特選股」，00940 有一項規則是：單一成分股的權重上限是 8％。是，我們都知道要分散風險，但波克夏持股有將近一半是 AAPL。

　　再來，說個最一針見血的——巴菲特究竟如何選股？其實看波克夏的持股就知道，波克夏可沒有將 75％的資金都投入電子股。

　　當然，我知道「巴菲特」指的是 00940 的選股標準很依賴基本面，但市場上有多少的申購人認真研究過 00940 的成分股？又有多少人是看到「巴菲特」三個字

就無腦 All IN？就算不多，也一定存在，而且我相信這種人，不少。

最後，來聊聊 00940 的廣告。元大宣稱自 2007 年算起，00940 可以用含息 732％的績效，表現打贏只 321％的大盤，市場上絕大多數人的長期平均績效都打不贏大盤，包含華爾街的基金經理人。

元大團隊為什麼這麼厲害可以傲視群雄？該不會……他們偷吃步吧？回測歷史績效是衡量一檔標的的好方法，可惜它會失真，什麼時候會失真呢？就是當我們拿現在的眼光回顧過去時。

大家有想過，穿越時光怎樣賺錢最快嗎？有人會買比特幣，有人想 All IN 台積電，而我是想帶著大樂透每一期的中獎號碼回到過去。元大團隊比較特別，他們帶著現在的記憶回到 2007 年創造了 00940，也因此打造出可以徹底擊潰大盤的績效表現。

截至今日，臉書社團「00940 自救會」人數已經突破 3.6 萬人，裡面有不少人是看熱鬧的，但真心想「自救」的我相信也不少。來談談「自救」吧。

讓我們拋開以上，重新審視 00940 的真面目，00940 是一檔高股息的 ETF，因此投資人應當使用操作高股息 ETF 的策略：「長期持有」。

就算上市後會有一定程度的波動也沒關係。若是上漲，那就賺錢，毋須擔心；若是下跌，那也沒關係，股市本來就有波動。要是迎來崩跌，還可以逢低補進，降低持倉成本。綜合以上，無論如何，長期持有。

投資的本質究竟是什麼？是投資一家可以帶著我們資金一起成長的好公司，還是一頭熱買進自己完全沒研究的標的？各位很聰明，心裡都知道答案是什麼。一筆好的投資需要天時、地利、人和串連起來，天時是指股市大崩盤，這樣我們可以買到便宜的價格；地利是指好的標的，也許是股票，也許是債券；人和，指的則是讀到這一行文字的你們。

要知道，唯有做好準備與規劃，才可以成為一名不疾不徐的投資家（本文撰於 2024 年 3 月 31 日，00940 正式上市前一天的晚上）。

準備好成為金錢的主人了嗎？

　　成功上市後，00940 第一天就破發，後續它的表現並沒有符合大家的期待。雖然價格一度超越 10 元發行價，但如今大盤已經站上 23000，00940 的價格卻沒有任何表現，這倒是反應出它身為高股息 ETF 的穩定性，當初大家妄想它可以在資本利得和股利雙雙取得成功，才會導致投資人期待落空。

　　有趣的是，此時的市場上已經聽不到任何人在討論這檔 ETF，就像當年全世界在討論元宇宙一樣，只是流行一時，無法成為永久流傳的經典。

　　自從這個世界上出現股市，經濟循環與泡沫化已經出現了太多太多次，與其說是市場循環，不如說是人性循環，股市的轉折點永遠是人性之極，不管是極端樂觀，抑或是極端悲觀，都不是健康的現象。

　　我特別喜歡華爾街的一句話：「行情總在絕望中誕生，在半信半疑中成長，在憧憬中成熟，在希望中毀滅。」

　　在某種程度上，我們還要感謝經濟循環，畢竟每一

> 每一次的股災都會使財富重分配，將沒有能力守護自己資產的有錢人打回原形，並讓做好準備的一般人，有機會可以翻身。

次的股災都會使財富重分配，將沒有能力守護自己資產的有錢人打回原形，並讓做好準備的一般人，有機會可以翻身，雖然這樣說聽起來可能有點殘酷，但金錢的確會選擇自己的主人，只有配得上它的人，有資格將它留在身邊。

站在 CEO 角度看投資

2024 年年初，美股由 Magnificent 7 領銜飆漲，一時之間，AI 成為了全世界最熱門的話題，然而，這七支成份股構成納斯達克 100 指數大約五成的權重，可說股市的成敗，全看這七巨頭的臉色，其中漲幅最誇張的，就是由黃仁勳所帶領的 NVIDIA。自 2024 年初至 7 月，漲幅一度高達 192％，同時，黃仁勳也獲得了「AI 教父」的稱號。

在 NVIDIA 暴漲期間內，曾經有朋友詢問過我，是否可以投資 NVIDIA，我笑著回答：「黃仁勳都在賣股票了，你說呢？」[27] 平常，CEO 是不會輕易出售自己公司股票的，除非股票價格遠高於公司的內在價值，因此，我們平常也可以透過 CEO 的操作來發現一些端倪。

如果各位看過勞倫斯・康寧漢的（Lawrence A. Cunningham）《親愛的股東》（Dear Shareholder），就會知道執行長其實在大部分的時間內，並不喜歡賣出自己公司的股票。畢竟，他們自己知道公司的價值，因此喜歡長期持有，也喜歡在股價和公司的內在價值，保有足夠安全邊際時買回庫藏股。

這麼做有兩個好處，一個是撿便宜，另一個則是可以提升每股內在價值。

另外，此書還提到海曼・明斯基（Hyman P・Minsky）的「金融不穩定假說（Financial Instability Hypothesis）」，

---

27 黃仁勳曾在 2024 年的 6 ～ 7 月期間賣出輝達股票超過 10 次，套現超過 2 億美元。

> CEO 是不會輕易出售自己公司股票的，除非股票價格遠高於公司的內在價值，因此，我們平常也可以透過 CEO 的操作來發現一些端倪。

此學說認為長期的經濟繁榮，會導致金融結構槓桿化，進而造成不穩定，這很好的解釋了為什麼經濟循環總是一再發生。

雖然黑天鵝與股災總是會在某個想不到的時間裡再度降臨，但只要做好規劃與準備，便毋須擔心。個人投資理財的規劃可大可小，若是格局放大，必須做好退休規劃與遺產規劃，若是精確討論投資的規劃，需要設計的細節則是非常多。

▎規劃一筆交易時，你需要明白四件事

不論是生活中還是課堂上，擅長投資的我常常被問到：「某某某現在還可以買嗎？」而我的答案總是：「不

行。」這個答案無關標的與策略本身的優劣，而是由於投資人本身其實「並沒有做好準備」。這時若是說了一檔優質標的與投資策略，對方或許也做不到。

就像巴菲特，總是告訴大家一輩子只要精準出手20次，並長期持有優質公司，就可以越來越有錢，不過，真的按照他的作法，去執行交易策略的投資人，實在少之又少。

「投資」是一把雙面刃，遇上懂得使用的人，可以料理出堪比米其林的佳餚；倘若遇上錯的人，或許就會變成奪命的凶器。市場總是要求我們「要知道自己在做什麼」，但這究竟是什麼意思？對我來說，是投資人在規劃一筆交易的時候，需要非常明白以下幾件事：

一、這筆投資是希望投入「價值成長」，還是「穩定高息」的標的？

---

28 左側交易又稱逆勢交易，於股價下跌時買入股票；右側交易又稱順勢交易，於股價上漲時買入股票。

> 投資理財的規劃可大可小，若是格局放大，必須做好退休規劃與遺產規劃，若是精確討論投資的規劃，需要設計的細節則是非常多。

二、接下來的投資，占總資金多少比例？自己的資產配置是否足夠平衡？

三、這筆交易若是屬於左側交易 [28]，需要了解該公司或 ETF 的本質是否夠優秀，並可以承受股災的洗禮。此外，還需要知道自己要分幾次入場，並考慮該標的未來出現何種狀況時需要離場。以長期投資來說，通常是「投資的理由」消失時，就可以考慮離場，如護城河消失、董事長掏空等等意外。

四、這筆交易若是屬於右側交易，在交易上需要有非常明確的進出場原則，以及正期望值的交易系統，例如停損、加碼與停利的點位，都需要在「投入

資金前」就白紙黑字寫出來，這樣才可以避免在交易過程中，因為市場波動而不知所措的情況。

右側交易中最重要的，是投資人需要嚴守「交易紀律」，否則再好的標的與策略都可以造成虧損。

你是「知道自己在幹嘛」的投資人嗎？

若各位讀者可以清楚寫出以上事項，恭喜，你們就是屬於「知道自己在幹嘛」的投資人，那就不會提出「某某某可以買嗎」的問題。

若是對交易有想法，當然可以與其他較有經驗的人討論，但我相信到時候的問題架構，會是「我打算用資產的 AA 比例進行投資，標的是 BBB，選擇它的原因是 CCC，交易策略是 DDD。你覺得如何？」

但若是無心研究太多資料，想要用簡單的方法投資也是可以，我在第一本書《如果終極目標是財務自由，不如一開始就學投資賺錢》就有提出許多適合剛進入市場的小白所需要的知識及策略，有任何需求，都歡迎閱讀。

「投資」是一把雙面刃，遇上懂得使用的人，可以料理出堪比米其林的佳餚；倘若遇上錯的人，或許就會變成奪命的凶器。

生活需要金錢，金錢卻不等同於幸福

分享我很喜歡的一段話：「所謂的成功，不以人的身高、體重、學歷或是他的家庭環境來衡量的，而是以其思想的高度決定。我們思想的高度決定了我們未來的成就大小，其中最關鍵的一點，是我們要對自己充滿信心，絕對不要自貶，不可廉價的出售自己。你們遠比自己想的還偉大，所以你們永遠不要看輕自己。」

這段話來自《洛克菲勒寫給兒子的 38 封信》（*The 38 Letters from J.D. Rockefeller to his son*），我相當欣賞他看人的角度，亦不贊同只依照學歷或資產作為區分人類的方式。對我而言，一個人是否值得相處，是取決於品格、誠信，以及他對待世界的態度。

許多人一輩子追求金錢和名望，最後卻落得一場空。世界很不公平，卻也很公平，生活需要金錢，金錢卻不等同於幸福。

我最近看到另一句很喜歡的話：「覺得沮喪，代表你活在過去；覺得焦慮，說明你活在未來；若平靜泰然，才證明你活在當下！」先不論心理與生理狀態已亮紅燈的患者不談，這句話的確可以在人們覺察自己心理狀況時，派上很大的用場。

正如許多宗教學家所說，人們在生活中該追求的是「平靜」，平靜可以讓自己專注在每一個當下並且不受情緒控制，只要全心投入每一次的呼吸、每一次腳步踏在地板上的觸感，甚至認真品嘗每一口食物的滋味，都可以有助於進入平靜狀態，而這種狀態不只對生活有益，也是最適合下投資決策的狀態。

愛，是可透過刻意練習的積極作為

我曾在第一本書的最後一段，引用《被討厭的勇氣》中「幸福來自於貢獻感」的概念，而在本書的最後，

> 覺得沮喪，代表你活在過去；覺得焦慮，說明你活在未來；若平靜泰然，才證明你活在當下！

我則想好好談一下「貢獻感」。

何謂貢獻？真的是做出一些改變世界的創舉，才有資格說自己對世界有貢獻嗎？對我而言，只要認真愛著這個世界，並且讓身邊的人都因為自己過得越來越好、越來越幸福，即是最偉大的貢獻。

但究竟好好如何愛著這個世界？其實許多人並不知道，愛是一種能力，是一門可以透過後天刻意練習出來的技能。根據佛洛姆（Erich Fromm）在《愛的藝術》（*The Art of Loving*）中所說，愛其實是主動積極的力量，其中包含給予、照顧、責任、尊重和了解組成，它們是一切形式愛所共有的能量。

而我認為，愛不只是心動，更是一種狀態，一種生活方式。當代年輕人流行「速食戀愛」，離婚率也是

歷史新高，雖然這與「離婚並不可恥」的觀念興起有關，但也側面印證愛情與婚姻並不是童話故事中的幸福生活。

身為年輕人的一員，對於愛這件事有不少觀察，年輕族群似乎總是汲汲營營得尋找那個「對的人」，卻總是忘記讓自己成為那位「對的人」，忘記讓自己學會「愛」。

有一句浪漫的話：「從前車馬很慢，書信很遠。一生只夠愛一個人。」在我的成長歷程中，許多同學身邊的伴侶總是換了又換，這件事總是讓我納悶，這難道真的是時代惹的禍嗎？

隨著科技快速發展，網際網路和智慧型手機的興起，人們生活節奏越來越快，似乎快到讓我們忘記停下來看看始終陪在我們身邊的人。

套一句年輕人一句戲謔的流行語：「所以愛會消失，對嗎？」

幼稚的愛是我需要你，所以我愛你；而成熟的愛則是我愛你，所以我需要你。

我會這麼回答：「不對。愛不只是一種強烈感情，它還是一個決定、一個判斷和一個承諾。」

因此，佛洛姆並不欣賞「墜入愛河」的說法，因為這代表了愛是被動的，在他眼裡，愛應該是充滿活力的「積極作為」。

讓我們一起學著去愛

根據書中的說法，我們再來深層討論一下「愛」這件事，愛的感覺究竟是什麼？「愛是合一。」不論是肉體上還是精神上皆是如此。

原本毫無關係的兩位陌生人，他們之間的高牆一夕倒塌，雙方因而感到親密無比，似乎彼此就是彼此的

全世界，尤其對長期感到孤單的人來說，這是非常美妙的體驗。

在成熟的愛中，兩個人是從生命的本質去體驗自己，而不是尋找自己生命中所不足的缺陷。我也特別喜歡書中的一段話：「幼稚的愛是我需要你，所以我愛你；而成熟的愛則是我愛你，所以我需要你。」

愛需要平等嗎？在這個資本主義的年代，我們在乎「你給我多少，我就給你多少。」生怕一點點的不平衡，會造成兩人之間的關係崩壞，但以上想法是資本主義下誕生的「公道倫理」，並不是愛。

愛本身是給予、是付出，而不求回報，因為給予本身即是獲得，也是表現蓬勃生命力的一種方式。這也是為什麼有道是「施比受更有福」，這也側面應證了愛和幸福本質上差異並不大。

愛是主動積極的，而是否要愛，決定權在自己手上，「我愛你」可不是說說的，這是需要去實踐的諾言，

也是一種生活態度，更是一種自身狀態。人類是靠著緊密的人際關係生活下去的，沒有了愛，人一天都不可能存活，因此，讓我們一起學著去愛吧！

謝辭

感謝生命中與我交集、共好的你

本書企劃源於 2023 年 7 月 8 日，一個靈感迸發的晚上。當晚一個瘋狂的念頭如雷一般驚醒了我，於是開始了這次的驚奇之旅。

首先我想感謝另外 3 位團隊成員，王為傑、李沛蓉、曾苑芳，在我發出邀請後，都在第一時間決定陪我一起追夢，好的夥伴尋求不易，能遇見團隊的各位是我的榮幸。

再來我想感謝一路上向我伸出援手的老師們，王永才、何瑞富、吳秋霞、萬玉鳳、葛良駿老師們在我不知所措時，給予我不同的協助，讓我在完成企劃的路上順遂了許多，希望未來還可以繼續得到老師們的指教。

此外，還要感謝在現場親力親為、提供技術協助的 Jayco 哥，企劃前期的拍攝工作，Jayco 哥幫助我們非常多，為此我感激不盡。

再者，是本書的主角們，也就是 6 位來賓，吳家揚、李哲緯、張衡、廖清宏、廖健欽、鍾建國，以上各位豐富了本書的內容與知識，感謝老師們願意貢獻自己的智慧與經驗，讓我和有需要的人有機會學習。

此外，還要感謝掛名推薦的陳重銘，讓我借了大名來推薦我的第一本書與第二本書，以及大叔美股筆記 Uncle Investment Note、財金博士生的雜記 Yi-Ju Chein、謝金河董事長願意替我書寫推薦序，讓整本書的陣容更加豪華。

另外感謝在團隊缺乏資金，願意在最一開始便伸出援手捐款給我們的熱心人士，王鋐程、朱明倫、吳芊卉、李秋伶、周芸安、張余健、黃才葆、黃柏豐以及許多匿名人士（有些捐款者未使用本名，故在此不一一

列出），讓我們可以沒有後顧之憂去打造這一全新企劃（編按：本篇人名依姓氏筆畫排序）。

要完成一本書，出版社功不可沒，感謝幸福綠光出版社在第一時間表達出版意願，不論是社長、編輯還是負責行銷的每一位參與人員，出版一本書看似輕鬆，其實一點也不簡單，感謝出版社的付出。

最後特別想感謝我的家人與朋友，是各位一起完整了我的生活，給予我所需要的愛，我知道不論心情放晴或是陰天，各位都會陪著我，一起度過每一個人生的重要環節。

日本哲學家九鬼周造曾經說過：「表面上看似偶然的事物，其實隱藏著某種必然。」打從出生開始，我們依照著自由意識做出每一個行動與選擇，發展出各自人生的因果序列，所謂「偶然」是兩個獨立二元的因

果序列產生了邂逅，變成一種「注定的偶然」，這種偶然在人世間有個美妙的名字，世人稱它叫「緣分」。

　　換句話說，我能認識生命中的各位，都是彼此花了一輩子做出數不清的選擇所產生的必然，因此謝謝你，也謝謝我自己，謝謝每一個看似沒有意義的喜與悲，若是沒有過去，就不會有今天，感謝已經離開的生命過客，感謝還留在身邊的夥伴，也歡迎未來才會遇見的朋友來到我的生命，我愛你們，感謝各位。

【 王者觀點之致富思維 & 實戰方法② 】

與市場對話
成功之道：6 大投資家的頂級思維

策劃製作：王者工作室
執　　筆：王者、曾苑芳
諮詢專家：廖清宏、吳家揚、廖健欽、鍾建國、李哲緯、張衡（依章節順序排序）
封面設計：謝彥如
美術編輯：蔡靜玫
特約編輯：凱特
校　　對：林芳瑜

社　　長：洪美華
總 編 輯：莊佩璇
主　　編：何　喬
出　　版：幸福綠光股份有限公司
地　　址：台北市杭州南路一段 63 號 9 樓
電　　話：(02)23925338
傳　　真：(02)23925380
網　　址：www.thirdnature.com.tw
E-mail：reader@thirdnature.com.tw
印　　製：中原造像股份有限公司
初　　版：2024 年 11 月
郵撥帳號：50130123 幸福綠光股份有限公司
定　　價：新台幣 350 元（平裝）
本書如有缺頁、破損、倒裝，請寄回更換。
ISBN 978-626-7254-57-8
總經銷：聯合發行股份有限公司
新北市新店區寶橋路 235 巷 6 弄 6 號 2 樓
電話：(02)29178022 傳真：(02)29156275

國家圖書館出版品預行編目資料

與市場對話：成功之道：6 大投資家的頂級思維
　／王者工作室策劃製作；王者、曾苑芳執筆 --
初版 . -- 臺北市：幸福綠光股份有限公司，
　2024.11
　面；　公分
　ISBN　978-626-7254-57-8（平裝）
　1. 理財　2. 投資
563.5　　　　　　　　　　　　113013813

新自然主義